森光子
百歳の放浪記

川良浩和
ジャーナリスト

中公新書ラクレ

森光子　百歳の放浪記——目次

第四章　『放浪記』２０００回、偉業達成を追う

カバー／『放浪記』ポスター写真（撮影／今井友一）
本文ＤＴＰ／今井明子

森光子　百歳の放浪記

プロローグ　2020年 大女優の悲願

歴史に残る名優も、舞台の映像は残っていても、素顔や日常生活、人柄、考え方を記録したテレビ番組は少ない。私はNHKで、世の中に起きる社会問題をドキュメンタリーにしてきた。次々に起こる事件や災害を扱うのが本業だったが、2005年にNHKスペシャル『森光子「放浪記」大いなる旅路』を制作した。この時に行った芸術座の客席のインタビューで、初めて女優・森光子と向き合うことになった。その頃、森が30代から舞台に立ち続けてきた劇場、芸術座の建て替えが決まっていた。「芸術座の舞台に立てたら、一人前」と、女優達が憧れた舞台。若い頃の森もそうだった。森が初めてこの舞台に立ってから半世紀近くの時が流れていた。

舞台における大女優といえば、水谷八重子、杉村春子、山田五十鈴、一つおいて、森光子というらしい。三大女優とは随分と開きがあると、森の周囲はあっけらかんと口にする。耳を疑った。華やかな国民的女優に対してそのような認識があるものか。果たして、私の眼の前にいる大女優は、気さくで、謙虚で腰が低かった。自身の失敗談も披歴してくれて温かさが感じられた。テレビプロデューサーの石井ふく子氏は三大女優のことも森のこともよく知る。森は三大女優と何が違うのか。「わりと庶民的なものをずっとやってらした。森さんの演技は誰もできない。真似しようと思っても無理です」。

どういう上手さだったか。

「森さんはハートで芝居をしていた。だから、相手もハートで受け取って行かないとついていけない。『自分が自分が』という芝居をされなかったじゃないですか。相手を立てながら、芝居をやってらしたのがすごい。こんなこと誰もやれる人はいないと思いますよ」

私が森の「ハート」の奥を垣間見たといえるのは、杉村春子の没後10年特番でのインタビューだった（『よみがえる杉村春子』２００７年4月15日放送）。ある昼下がり、森は渋谷のＮＨＫに降り立ってから夕方まで、杉村に関する取材に徹底的に向き合ってくれた。森はカメラに向かって、はっきり言った。「私の孤独、辛さをわかっていただけるのは、杉村先生だけです」と言い切ったのだ。さらに、「仕事柄先生と呼ぶ関係者が数人いらっしゃいますが、私が心の奥から先生と思っているのは、杉村先生ただ一人です」と口にした。人付き合いが多いであろう森が、たくさんの人が見ているテレビでそこまで言って差し障りはないのか、衝撃を受けた。森光子は、誰にも理解できない孤独と辛さ、そして杉村へのただならぬ憧れを抱いている。

その後、私は大女優・森の最晩年の姿をドキュメンタリーのカメラで追うことになる。『放浪記』公演2000回の偉業達成まで、とその後を見続けたのである。

足掛け48年、森は41歳から89歳まで林芙美子を演じた。750席の芸術座から大劇場まで1回平均1000名の観客がいたとして延べ200万人。幾度も訪れる観客も多かった。時を置いて『放浪記』を観ると、変わらぬ物語の芯に心を打たれながらも、前回と違う新たな気付きを得る。観客の人生が移ろうと、身にしみる場面も変わった。初見の若い人には昭和の遠い物語のようでいて、場面が展開するにつれ、森の演じる芙美子のむきだしの心が深く感じられた。多彩な観客に応えようと森もつねに瑞々しい演技を求め続けた。

90歳を目前にした森は、最後の最後にさらに新しい芙美子の表現を生み出した。いつまでも進化を遂げながら、その思いは半世紀にわたって変わらない、奇跡のような舞台だった。

平成21年（2009年）5月、帝劇で『放浪記』の初日の幕があがった。4日目の5月9日に2000回を迎えた。この日、舞台が終わった森は、NHK放送センターに向かった。『おめでとう森光子さん～「放浪記」2000回記念特集』の生放送が森を待っていた。

2000回の偉業達成から、2017回目となる千穐楽までの舞台は、幸福の余韻に満たされ、至福の時間となった。女優として初めての国民栄誉賞がもたらされ、大晦日には紅白歌合戦の審査員をつとめた。それから2か月後の2月、東宝は、予定されていた公演の中止を発表する。90歳を迎えた森光子は、その後も再演を熱望し待っていた。

結果として、森光子の輝かしい年譜は、2010年の春から空白となった。2018回の幕があがる日はこなかった。

『放浪記』のセリフが聞こえてくる。

「これだけじゃないんだぞ、私の人生はこれだけでおしまいになるんじゃないんだぞって、自分自身に言いきかせて、せめてもの慰めにしてるのよ」

令和2年（2020年）、東京オリンピックの年と森の生誕100年が重なる。アスリートのひたむきさを愛した森が、東京での平和の祭典に立ち会えないのが悲しい。本書の取材で関係者の話を聞いていると、2017回で終わった森の悔しさと無念さが浮かび上がってきた。なぜ、2018回の舞台の幕が上がらなかったのか。森の『放浪記』のない時代は寂しい。高度経済成長が終わり、バブル崩壊という厳しい現実の中で『放浪記』は、再演を重ねた。日本人が笑い、涙し、励まされて家路についた時代があった。

『放浪記』は本郷の下宿の場面で幕が開く。ガラガラと戸の開く音がし、「ただいま！」というセリフで森が登場し、客席に拍手が巻き起こる。

再び、「ただいま！」というあの声を聞きたい。

本書は、生誕１００年の年に、かなわなかった２０１８回目、生きていればきっと舞台で一場でも演じていたであろう森の思いを紙上で遂げる、百歳の放浪記である。

第一章　なぜ『放浪記』は愛されたのか

林芙美子との出会い

森光子は、昭和37年（1962年）の雑誌『婦人公論』の座談会で、林芙美子の作品について語っている。読んで印象に残ったのは、『浮雲』『清貧の書』『晩菊』『下町』、それにもちろん『放浪記』だという。

「てらわず、すまさず、裸で女というものを深くみつめているのに感動しました」

「私は、これまで十八回も転々と住所を変えたし、一時は、やけになって流れ流れるような日々を送ってました。（略）それだけに人の親切が嬉しくてたまらない。そういう気持がどうしても舞台の自分に反映するんですね。身につまされて仕方がないことがあります」

森は、「幸せのユーターン」という言葉を使った。幸運がそこまで来たのに、いつも手につかむ前にどこかへ消えてしまう。挫折に次ぐ挫折の末に、劇作家菊田一夫からの誘いで上京し、東京での初舞台は、昭和33年（1958年）暮れの芸術座で吉本興業の創業者吉本せいの生涯を描いた『花のれん』（作：山崎豊子　脚本・演出：菊田一夫）だ。演芸場のお茶子頭で出演する。その頃、菊田からこう言われた。「君は越路吹雪のようにグラマーでもなければ、宮城まり子のような個性もない。一生脇で行くんだな」。

これは挫折ではない。森も脇で良いと思っていた。「あいつよりうまいはずだがなぜ売れぬ」という川柳を詠みながらも、好きな芝居が出来ればそれでよいと思っていた。40歳でのことだった。

昭和35年『がしんたれ』（作・演出：菊田一夫）は、小僧をしながら働く菊田一夫の自伝的作品だ。「がしんたれ」とは能なしで間抜けを意味する。雑用を言いつけられる小僧の和吉は、よくドジを踏んだ。通天閣にお譲さんの付き添いで来たのに、自分が迷子になってしまう。菊田は8歳から孤児で、故郷もなかった。子供心にも、生きてゆくことの苦しさを知りきって、17歳でやっとおぼえた丁稚生活を捨てて、詩人になることを志し、上京する。

森は、上京した和吉の世話をする詩人林芙美子の役で二場だけ出てくる。詩人仲間の男たちに相手にされず、一人寂しい思いをする芙美子が和吉と差し向かいで夕飯を食べる場面がある。

芙美子　尾道から出てきた女と……神戸から出てきた少年が……どっちも、相手を失って……夫婦でもない二人が……東京の……いままで夢にも見たことのない街の一軒の家の中で、向い合って御飯を食べてる……人間て不思議ね。
和吉　……僕、詩人になり損ったとしたら、これから先、どうしたらいいのかな。
芙美子　でも、これは……私も、あんたも……自分から求めてきた道なのよ。
和吉　（急に悲しくなる）僕、どないしたらええのか判らんわ。
　立ち上がって部屋の隅にいく、泣き出す。
　芙美子……強いて慰さめはしない。黙って煙草を出して笑う。
芙美子　泣いたって仕様がないよ。泣いたって、道がひらけるわけじゃないよ。ゆっくり考えるのよ、ゆっくり……　（略）
　芙美子は外に出る。

上／菊田一夫と（1961年）
下／林芙美子役の森と、和吉役の久保明 『がしんたれ』（1960年）
（提供／東宝演劇部）

月が照っている。（略）

芙美子　人間は嫌っても、お月様は嫌わないよ……ねッ（笑う）

森が、せりふが宝石箱のようだと言っていた思い出の場面だ。『がしんたれ』は、名作『放浪記』誕生のきっかけとなる。後に、菊田は森の演技の切れ味に触発されて『放浪記』を書くことになる。和吉が憧れている令嬢役は宝塚歌劇団トップスターの浜木綿子が演じた。

浜は『がしんたれ』での芙美子を演じた森をこのように表現した。

「華やかということではない、何か、馥郁《ふくいく》たる香りという感じでした」

6か月のロングランとなる『がしんたれ』公演中の1961年3月、千穐楽の前の日、菊田が楽屋にふらっとあらわれた。菊田は森に「君は、脇役で行きなさい」と言っていたのに、「今年の秋、林芙美子だよ」と言った。

森は「林芙美子？　主役かしら」と思った。

「ただ、幸せがユーターンする人生を歩んできた私は、ぬか喜びの辛さをよく知っています。いいお話は信用しないことにしていましたし、なるべく喜ぶまいと思いました」

それから、菊田は何も言ってこない。

「お話だけで消えてしまったのかなあ、営業会議で『森光子じゃ切符が売れない』と反対されて葬られてしまったのではないかしら」と不安がこみ上げた。

ある日、スタッフが訪ねてきた。

「どんな着物にしますか？　どんなカツラにしますか？　10月の芸術座は……」

『放浪記』のポスター撮りについての相談だった。自分のためにわざわざ衣裳やカツラが誂《あつら》えられる。森光子は、ここでようやく主役になったと実感した。

主役の経験のない森の抜擢に、舞台関係者は驚いた。菊田は、ライバル日夏京子に浜木綿子を据え、八千草薫、益田喜頓、市川段四郎らが脇を固めた。菊田の本気が伝わる実力を重視したキャスティングだった。

序幕　「花のいのちはみじかくて」

菊田一夫が書いた昭和36年10月芸術座初演の台本がある。表紙をめくると冒頭に「劇化責任者の言葉」が記されている。どんな気持ちで創作したのか、理解して演じて欲しい。作者が台本の冒頭にねらいを書くのは、珍しくはないが、『放浪記』の台本の劇化責任者の言葉は、ストレートに突き刺さってきた。

「『放浪記』は林さんの人生の日記であると云われていますが、そこには、もちろん誇張もありましょうし、自己弁護もありましょう。その意味から言えば『放浪記』に忠実であるより、むしろ『放浪記』という創作ドラマの中に林芙美子さんを描くほうが、実際には、容易に林芙美子さんを描くことができるのではないか……と、脚色者は思った次第であります。（中略）

さて本題の『放浪記』ですが、此のフィクションにより、そして外観は似てもいない森光子さんにより……私の知っている林芙美子さんの……そのたくましい人間を描くことができれば脚本作者の本懐これに勝るはなしです。脚色者の唯ひとつの強味は、後年の林さんの性格の他人から云われている部分の総てを……私自身がそのような性格であると否とにかかわらず、全面的に肯定できる、というところであります。

幼い頃から幸運の神に突ッ放されて生きてきた人間の人生の処しかたは、時として、そうでない人には理解できないことがあります。幸福に育ってきた人から見れば、その実際の体験談すらが、そんな馬鹿気たことは世の中に有り得ないこととして嘲笑されることさえあり勝ちです。その理由により、私は林芙美子の人生を肯定した『放浪記』を書きました」

〝花のいのちは　みじかくて　苦しきことのみ　多かりき〟

古関裕而による哀切なメロディが、胸に沁みわたった頃、舞台の幕があがる。

仕事も、友情も、恋愛も、食べることの線上

林芙美子は、明治36年（1903年）に生まれた。父と母は行商をしていた。尾道の女学校を卒業すると何の目的もなく、身ひとつで東京にやってきた。東京では、風呂屋の下足番、セルロイドの女工、株屋の店員、毛糸屋の売り子、女給、筆耕、行商、女工など23歳までは何でもしたと、詩集に記している。誰もが、食べることで精いっぱいの時代、仕事も、友情も、恋愛も、食べることの線上でつながっていた。

第一幕「本郷の下宿・大和館」 芙美子は新劇俳優の恋人を、やがてライバルとなる日夏京子に奪られる。新劇俳優の役は伊達春彦というが、初演では田辺若男という実在の俳優の名で出ていた。田辺本人からのクレームが入り、架空の名前に差し替えられたという。

文机で苛立つ芙美子（1961年）。
森は最期まで、この写真を財布に大切に入れていた。

第二幕一場「カフェー寿楽」　冬の夜、客とエプロン姿の女給がバラライカと呼ばれるロシア調の民謡を歌っている。女給役の森光子は、お盆を抱え、ドジョウ掬いをしながら「北はサガレン　南はジャバよ」とカフェーを駆け抜ける。「あら、エッサッサァ！」、森が若々しく足をあげる。店中が沸くが、さんざん盛り上げた芙美子にチップの実入りはない。この時代のカフェーとは、コーヒーショップではなく、数人の女性の給仕がいて客の相手をするところで、男たちが通った。女給は住み込みで働き、行き詰まったら、仲間同士で助け合う。

やくざまがいの土建屋が威張って、女給を淫売呼ばわりして見下すと、芙美子が言う。

「人間はねえ……人間はねえ食わなきゃ死んじまうんだよ。死にそうになりゃ五十銭だろうが、十銭だろうが淫売もするよ、そんなことをする位なら死んでしまうといった奴に死んだためしがあるかよォ……いい年しやがって……いい年しやがって世の中の裏表もわからねえ奴が大きな面するな」

森光子の鋭さが台詞に乗って、炸裂する。現代の観客にも痛快に響いた。

場面の後半で、詩人仲間の男たちが芙美子のカフェーに雪崩込んでくる。ここで芙美子は新劇俳優伊達を奪った日夏京子と再会する。京子はすでに伊達と別れていた。詩作する女性同士はたちまち意気投合する。恵まれた京子と貧しい芙美子という対照的な二人が、同人誌を出すことになる。

第二幕二場「寿楽の女給部屋」　森が黙々と原稿を書いている。妹分のように思っている悠起が言う。「お姐さんは、お店が看板になると、毎晩何か書いてるわね……お姐さんが、一心不乱に書いてる姿みると……何だか、胸がきゅっとしめつけられるような気がするのよ」

仲間の女給の一人が突然血を吐く。森が、観客の視線を引き付ける力を圧倒的に見せる場面だ。森も戦地慰問団から帰って来て、肺の病気に苦しんだ。

菊田の脚本は、多くを書き込んでいないが、森の演技が空間を埋める。

芙美子　……ともちゃん！　しっかりおしよ！　苦しいのかい……咽喉つまってるの！　血がつまっているんだね。今、とってあげるよ。

と、芙美子、口を吸う。血を吸いとってやる。（略）

芙美子　喀血してるんだよ、血がつまってるんだよ。吸いとってやらなきゃ死んじまうんだよ……誰だって死ぬのいやなんだから。

森光子は繰り返し、口を吸い、血を洗面器に吐き出す。その演技のリアルさを、観客は、緊張して見ている。

尾道は、こだまの町なり

第三幕「尾道」　瀬戸内海の島の山と島の山との間に海が青く広がり、渡船や、荷物運搬船が行き交う。船のエンジンの音や、汽笛は、広い眺めの底の方から聞こえて、山にこだまして、空に消えていく。

絵画のような尾道の場面の冒頭、幕が上がるとカモメが鳴き、森光子が海を見ている。

「尾道はこだまの町なり、山が呼び、海が答える。……旅をゆく、列車は長々と悲しみの声をあげ、その声を海に残し、山に残す。恋を失える女、捨て去りし男の名を呼べば、こだまは遠く、男の名を運ぶ……尾道はこだまの町なれば」

都会の暮らしに疲れた林芙美子は、尾道に再びやってくる。芙美子を誘って東京へ連れ出した男、恭助は、芙美子を放ったまま一人故郷へ帰っていた。別れた男はどうしているのか、芙美子は男の家がある島を訪ねる。いまも、自分を待っているのではないか。しかし、男は結婚して幸福に暮らしていた。芙美子は衝撃を受けた。男が尾道に出て来た。石垣の上に芙美子と男が向き合う。

恭助　おととい……あんたが島へ渡ってきんさったんが、近所中の評判になっての……家内はしくしく泣いとる……父は儂に腹を立てて怒鳴り散らす……勤め先の連中までが、おとといの噂を知っとる。……上のほうに聞こえたら、勤めをやめにゃならんけん……儂にゃ、もう子供まであるんじゃけんの。

芙美子　……私はあんたの幸福をこわそうとは思うとりゃせん。

恭助　それじゃったら……頼むけん……二度と島へは来んようにしてつかあさいや。

狭い山と海の間を列車が走り、汽笛がこだまする。傷心の芙美子と母親が身を寄せる家に、行商の一家がやってくる。夫婦と女の子、シャツと下着、ボタンに真田紐を売ろうとするが、断られる。行商の親子はゆきくれる。

子　なあ、父ちゃん……駅前の食堂にあったライスカレーいうの、食べようやあ。
母親　もうちょっと待ちんさい。
子　腹へった……父ちゃんいっぺんでええけえ、ライスカレーいうもん食べたあの。
父親　あんな物は金持が食べるもんじゃ。貧乏人があんな物食うたら、罰当りじゃ言われるけ。

日暮れ近く、今日は商いがなく、宿に泊まる金もない、親子が再び通りかかる。
芙美子　あの三人の姿、見てごらん……あれが、私達《うちたち》親子の昔の姿よ……その日の宿もなくて旅から旅へ流れ歩いたのよ。(略) さあ、あがんなさい、みなさん。

（略）

親子三人は、御飯を食べ始める。

子　父ちゃん、うまいねえ、うまいねえ。

芙美子　私達《うち》も、いつか、どこかで……こげにして御飯を食べさせて貰うたことがあったね。

菊田一夫も、後年潤色と演出を務めた三木のり平も「尾道」でいつも泣いたと言う。

森光子は、ある子役の演技に刺激を受けた。「その子がお箸を持った手やなんかで自分の髪の毛をこうやってあげてね、お味噌汁に入らないように、こうやって食べるんですよ。この自然な仕草がね、何とも素敵なので、『いつからこういう仕事をしているの？』って聞いたら、『今回初めてだ』って言うんですよ。『うわあ、初舞台』って言ったら、『うん』って言うんです。私は楽屋で反省しました。自然にやれちゃうんですね。自然という言葉は、簡単なようですけれども一番難しいと思います」。

私も子役の演技に注目し見ていたが、さらに驚いたのは、森がそれに触発されて自らの力に変えようとしている姿だった。

第三幕のラストシーンは、海辺に立つ森光子、家の前の石垣の階段がセット。

芙美子　これでお別れよ。

恭助　さいなら。……さいなら。

（略）芙美子、ややあって家に戻ろうとするが、悲しみを耐えかね、面を掩うて号泣する。

（略）芙美子の泣き声がとまって、立上がった時、裏庭から行商人親子が出てくる。

父親　あ、あんた、此処へおんなさった。

芙美子　ええ、もう御飯食べた？

上／飯にありつく行商人一家
　　と芙美子
下／恭助に去られる芙美子
第三幕「尾道」（1961年）
（提供／東宝演劇部）

母親　はい、思いもかけんお情に預かりまして……どう言うてお礼言うたらええのんか。

芙美子　（子供に）嬢ちゃん、腹いっぱい食べた？

子　うん、六杯も御飯食べた。（咽喉元を押さえて）此処まで御飯が入っとるよ。

行商人親子は、また、旅へ出ていく。ご飯をおなかいっぱい食べた子は、元気いっぱいに、先へ行こうと親の手を引く。芙美子は手を振ってわかれる。連絡船の汽笛が鳴る。「嬢ちゃん……いつか、きっと、しあわせになるんよ。私もなるけ」

芙美子の森が、一歩一歩、階段を降りるうちに、幕が下りる。

東京の貧乏生活、木賃宿の暮らし

第四幕一場「世田谷の家」　芙美子は、再び東京に戻る。家に帰れば肺病やみの夫がいる。同じ作家である夫は、芙美子の書いた詩を「ゴミ箱の中のゴミを棒でひっかきまわして、それを道にぶちまけたような汚さ」となじり、芙美子は嘘は書けないと言い返す。夫は芙美子に見せつけるように愛人を家に招き入れる。
作家の先輩、村野やす子は、芙美子と日夏京子のいずれかの小説を雑誌に掲載する段取りを立てていた。芙美子は京子が村野へと託した小説を留め置き、自身の作品だけを雑誌社へ届ける。

みんな嘘っぱちばかりの世界だった
甲州行きの終列車が頭の上を走ってゆく
百貨店《マーケット》の屋上のように寥々《りょうりょう》とした全生活を振り捨てて
私は木賃宿の蒲団に静脈を延ばしている
列車にフンサイされた死骸を
私は他人のように抱きしめてみた

第四幕二場「渋谷の木賃宿」　この詩の朗読が流れ、冬の夜、街頭占師、淫売、チンドン屋、ニコヨン、雑多な職業の連中、皆、蒲団にくるまって眠る中、芙美子は蜜柑箱を机に書き物をしている。親切な画家の藤山武士ができた原稿に穴をあけ、ココリで原稿を閉じる。ゴミ箱をひっくり返したような部屋だが、心が通う場面だ。

武士　(受けとって、原稿をとじる) さ、これで出来た。

芙美子　ありがとう。

武士　読んでいいかい……(と読む)

二階から見ると、赤いカンナの花が隣の庭に咲いている……昨夜何か訳の判らない悲しさで、転々と転がりながら泣いた私の眼に、白い雲がとても綺麗だった。隣の庭のカンナの花を見ていると、昨夜の悲しみが又湧いてきて熱い涙が流れる。いまさら考えてみるけど、生活らしいことも、恋人らしい好きな人も、勉強らしい勉強もできなかった自分のふがいなさが、凪の日のように侘しくなってくる。こんど、とても好きな人ができたら、眼をつぶってすぐ死んでしまいましょう。生活が楽になりかけたら、幸福がズルリと逃げないうちにすぐ死んでしまいましょう……(顔あげて微笑む) うまいじゃないか。

女占師　なんだか知らないけど、身につまされて涙が出てくるよ。
芙美子　（突然、ウウと泣く）
武士　どうしたんだい。うまいなってほめてるんだよ。
女占師　思い出して悲しくなったんだよ。これ、自分のことを小説にしたんだろう。
芙美子　私は生まれてから今まで今のように優しいことして貰ったり、優しい言葉をかけて貰ったことがないのよ。
武士　優しいことって、キリで穴をあけてやった事がかい……それに僕は正直にうまいからうまいって……
芙美子　……私は今まで、同じ物を書く仲間と一緒に生活ばかりしていたせいかも知れない。私が原稿を書いてると下手クソな物を書いて生意気だって……原稿を書きあげてペンを置くと、傍にいる人は、やれやれ眼ざわりな仕事が済んだ……誰も一度も私の書いたものを読んでみてくれようともしなかった……絵描きさん、私の書いた下手クソな原稿、読んでくれて有難う。占屋さんきいてくれて有難う！　厚くお礼を言います。

芙美子の原稿を雑誌が取り上げることが決まった。その報せを聞いた芙美子は、喜びを爆発させる。今までの苦闘が芙美子の喜びをただならぬものにさせる。喜びの表現としてのでんぐり返しは台本になく菊田一夫が稽古場で指示をした。都合三度、木賃宿をのたうちまわった。１９８１年からの三木のり平の演出では一度に減り、２００８年の公演からは87歳を迎えた森の体調を考慮し、木賃宿に居合わせた連中の万歳三唱に変わった。森が稽古場で万歳の場面を説明してくれた。

「当時は明かりもなくてみんな何も見えないはず。字を読めない人もいた。みんなが私の小説のことを喜んでいるのではなくて、何だかよくわからないけど、喜んでいる芙美子たちを見て、自分もおこぼれに預れるのでは、と思って万歳している、そんな感じだと思います」。後付けの演出にも気持ちを込めた森は、万歳の時の俳優たちの演技にも気を配った。

いずれの演出も、『放浪記』のクライマックスとして会場が沸きかえった。

喜びのあまりでんぐり返しする芙美子
『放浪記』第四幕二場「渋谷の木賃宿」（2006年）
当時、森は86歳。でんぐり返しの演出はこの年が最後となった
（提供／東宝演劇部）

第四幕三場「南天堂・二階」『放浪記』出版記念パーティの場である。出版社に芙美子の原稿が認められた。が、ライバル日夏京子の原稿は、芙美子が自宅に留め置いたままにして日の目を見ることはなかった（第四幕一場「世田谷の家」）。胸にリボンをつけた芙美子が壇上で、次々に祝辞を受けている。パーティが終わる頃、京子がやってくる。

芙美子　（京子の眼をみてぎょっとする）……お京、きてくれたのね、有難う。
　　　京子は無言で寄っていって芙美子の頰を叩く。

芙美子　……

この幕の最後で、友人の詩人、白坂五郎が言う。

白坂　山はねえ、山は高く登る程、風がきつい……足を堅く踏みしめなければいかんよ……断崖絶壁は一旦登りかけたら、下りるわけにはいかんのだよ（略）

夫となった画家の藤山武士が言う。

武士　お芙美さん、気にすんなよ。あんたには悪意はなかった、それは僕がよく知ってるよ。
芙美子　気になんかしちゃいない……作家は作品が勝負をきめるんだよ。
武士　雑誌が四つ五つきているよ、長篇書いてくれって……どうする……本当は、ゆっくりと、少しずつ身体を休めながら書いた方がいいんだがな。
芙美子　……みんな書く。
武士　身体はどうするんだ。
芙美子　書かなきゃ、お芙美は「放浪記」しか書けなかったんだって言われるよ。

最晩年の芙美子

第五幕「晩年」　舞台は、きれいさっぱり、大きな邸のセットに変わる。緑に囲まれ、小鳥のさえずりも聞こえてくる。売れっ子となった林芙美子の堂々たる家で、『放浪記』は、終幕へ向かう。ここまでに、森光子の『がしんたれ』の演技に触発されて菊田一夫が『放浪記』を書き、森光子が主役をつかむまでの歳月が、刻み込まれている。第五幕では、客席も安堵する気分に変わっている。日本が戦後復興の道を歩み、戦争の影がようやく薄くなってきた頃だ。舞台に作者である菊田一夫自身が登場する。すでに流行作家となった菊田が、竹林の陰の通用口から入ってくる。

芙美子「あんた、すすけた爺いになったねえ。昔は可愛かったけど」。

面会の人が次々とやってくる。

竹　（略）はじめは慈善事業の方なんです。

芙美子　貧乏人を助ける会なの……それだったら断って頂戴……貧乏人は働くよかしょうがないよ……一個人が個人の力で一人や二人助けたってどうにも仕様がない……せいぜいその団体の職員の給料の助けになるだけだから。

竹　あの、その次は鹿児島県からいらした方で……先生の本当のお父様のお従弟さまにあたる方だそうです。態々東京へ出てきたんだから、今晩は泊めて貰えるだろうかって。

芙美子　近くの宿屋にお泊めして、武士さんに貰って旅費を渡してあげて、明日お帰り下さいって。

竹　あの、お会いになりませんか。先生のお父様のいろんな話をきかせて差上げたいからって。

芙美子　会うのなら、まだ貧乏していた頃にお眼にかかって、いろいろお話を御伺いしとうございました。親類の方にはどなたにもお眼にかかりませんからって。

（略）

竹　はい。あのその、次は若い同人雑誌の方なんですけど……お金がなくなって雑誌が出せなくなったんだけど、月々いくらか補助して頂けないだろうか……先生は貧乏人に理解のある方だからって……

芙美子　馬鹿野郎っていっておやりよ、雑誌が出したきゃ働いて金を作れって……

（略）

やがて、女中の竹が去り、芙美子と菊田の二人になる。

芙美子　私を成り上り者の冷酷な奴だと思う？

菊田　いいえ。

芙美子　ほんとのことをいって頂戴……。あんたなら昔の私を知っているし……本当のことを言ってくれる。

菊田　はあ……今の林さんだけをみていれば、何と言う暖かみのないのぼせ上った人だろうと、世間の人は思うかもしれない。

芙美子　（頷く）

菊田　まあ、僕は世の中には身内もないし、又、他人もないと思うのです。……生まれる時も独りだし、死ぬ時も勿論一人……自分で自分を助けなくて誰が助けてくれますか……よくね、人間って孤独だっていう人がいるけれども……そうした人は実際は、女房に頼ったり、子供に頼ったり、孤独の味なんてちっとも知っちゃあいない。その味を本当に知っているのは、僕の知ってる範囲では林さん位じゃないかな……（略）

浜木綿子が好きな場面といったのは、この終幕だ。京子が座敷へ案内される。年をとったが凛とした佇まいは変わらない。対する芙美子は大作家の貫録で座敷にいる。かつて、本郷の下宿に住んでいた、印刷屋の安岡が来ている。芙美子を慕い、時には金銭も援助したが、ナメクジのようにイジイジした性格で、芙美子にも好かれなかった。安岡が日夏京子に言う。

安岡　日夏さん……あの時あなたの原稿を雑誌社へ届けずに捨ててしまえ、自分の原稿だけを届けろと林さんにすすめたのは私ですよ。

（略）

京子　私、あの時の事、今はもう何とも思ってやしないよ。（略）今日はね、態々それ言いにきたんだ。……あんた気にしてるかも知れないと思ったからさ。

芙美子　（嬉しげにうなずく）

安岡　ねえ、林さん、あなた顔色が悪いですねえ。

芙美子　ゆうべも寝てないの、徹夜の原稿書きでね。一昨日も寝ていない。日本の文士っていうのはね、ちょっと書かずにいると落伍してしまうのよ。
京子　あんた又、書きまくっているのが楽しいんだろ。
芙美子　原稿紙に向ってる時だけが、ひとりであって独りでない……原稿紙の中の動いていいるいろんな人間が、いつも私のまわりにいてくれる。
芙美子は書いて、疲れたら文机にもたれかかって寝てしまう。目が醒めたらまた書く、その繰り返しの毎日。夫の武士が帰ってくる。
武士　君は、僕が強制しないと、絶対に自分をいたわらない人だな……さあ、もう寝たまえ。
芙美子　うん、いま寝る。大丈夫……
武士　（京子に）いらっしゃい。
芙美子　こうやってるとね（机につっぷして）疲れがとれるんだよ。
（略）

武士　もうこの人は放っておくと、昔の貧乏暮しが身について……何処まで働くか、きりのない人でしてね。

このあと、森光子のセリフは一言もなく、机にもたれかかったままで、日夏京子の一人芝居となる。京子は毛布を芙美子の背中にかけてやり、その寝姿に語りかける。

「お芙美、あんた、ちっとも幸せじゃないんだね」

浜木綿子は、初演での去り際の演技を克明に語った。

「芙美子さんに『お芙美、あんた、ちっとも幸せじゃないんだね』って、毛布を背中におかけして、去っていくところを、ふすまを開けて立ち止まり、そして一歩ふみ出し、後ろ足を静かに外に出して振り返り、芙美子の背中を見ながらそっと閉めました。どうしたら芙美子の寝姿の邪魔にならないか、どうしたら京子の最後の去り方になるかと模索しながらつとめました」

この去り際での浜の思いが、森は心にしみたという。

眼差しを向ける京子と、突っ伏した横顔とやせた肩の芙美子が、それぞれの人生を物語る。

竹の葉がふる。ふっと見上げる京子。
ややあって、京子は去っていく。
尾道のカモメの声と連絡船の音が聞こえてくる。
誰もいない、芙美子の寝姿だけ……
音楽

青い海、白い波、空を舞うカモメ、空に響くポンポン蒸気の音……。故郷、尾道の風景が広がり、3時間半の大芝居が終わる。1951年、林芙美子は心臓麻痺で47歳の生涯を閉じた。その死を暗示するように、森の寝姿の背中と観客を遮って、緞帳が降りた。「芙美子に似ている」。芙美子の夫手塚緑敏は、初演の折に、終幕の森の寝姿を褒めたという。

上／菊田一夫役の小鹿番と（1961年）
下／大作家となり、多忙な執筆の合間に寝付く芙美子（2005年）
第五幕「晩年」
（提供／東宝演劇部）

『放浪記』を長年見守ってきた少年隊の東山紀之がその魅力を語った。

「20歳の頃から何度も『放浪記』を拝見していますが、僕も色々と経験を重ねて、感動するところが変わっている気がします。お客様も、ご自身の人生を芙美子に投影してご覧になっているのではないでしょうか。芙美子は、劇中では決して幸せな人生ではありません。ただ客席を見回すと、お客様はいつも幸せそうに帰って行かれるのです」

なぜ観客は幸せになるのか。なぜこれほど多くの観客に愛されたのか。

「きっと『放浪記』の芙美子には、森さんが人生で経験されたことが詰まっていて、お客様は森さんの『生』を感じるというのが一番の喜びなのだと思うのです。『生きる』ということの輝きが放たれることが本当に素晴らしいと感じていました」

果たして、森光子の「生」とは――

第二章　大女優の憧れ

もう見ることの叶わない森光子版『放浪記』を、紙上にて上演する趣で第一章をお届けした。

苦難の後に大成する林芙美子と自身の共通点を尋ねる新聞記者に対して、森は「あくまで演じているだけです」とにべもなかった。森には森だけの憧れと立ちはだかった困難があり、森にしか出来なかった努力を重ねた末に成功をつかみとったのだ。

デビューした日からスターと呼ばれたような森繁久彌や山田五十鈴と違って、細くうねった道を歩んできた——

両親を亡くして

森光子は、大正9年（1920年）5月9日、京都市木屋町二条に生まれた。家は芸妓達を連れた客が食事をする割烹旅館だった。旅館を切り盛りする母は元芸妓で、一つ年下の父は京都旧帝大の学生だった。

働きづめの母とたまにしか会えない父、それを孤独とも思わず、少女期の森はクールに過ごした。クールに、とは森本人の表現である。

昭和8年（1933年）、13歳の時、京都府立京都第一高等女学校（現・京都府立鴨沂《おうき》高校）に合格した。この年の8月26日、母が亡くなった。結核だった。森は生前、母に相談したことがあった。「宝塚にいきたい」。母は「そら、ええな」と応じていた。

母が亡くなると2か月ほどたって、父も結核で亡くなった。父は繊維会社の跡取り息子だった。父には大阪に妻と、森にとって異母妹となる娘がいた。異母妹には半世紀後に、森繁久彌の妻の仲介で会うことになる。両親を喪った森は学校から足が遠のく。

7歳の頃、祇園祭の時に家族で撮った写真がある。前列には、母の艶、光子、後列左に嵐寛壽郎が写っている。森の従兄は、アラカンと呼ばれた時代劇のスター。17歳年上だった。「鞍馬天狗」「右門捕物帖」シリーズは一世を風靡した。昭和10年（1935年）、森光子は、アラカンのツテで、映画に出た。本当は、宝塚か松竹歌劇に憧れていたがツテがこれしかないから仕方がない。町娘や武家の娘でたくさんの映画に出たが、役名は、大概が「おみつ」だった。とはいえ森のための場面は用意されており、感情を迸らせる森らしい演技は、『国訛道中笠』『怪猫　謎の三味線』など現存する数本のビデオで確認できる。

新劇に憧れて

はっきりとした方向性がないままに日々を過ごしていた森は、杉村春子という女優が出ている映画『小島の春』（昭和15年　豊田四郎監督）を観た。

『小島の春』の公開時、杉村が34歳、森は20歳だった。瀬戸内海の島に身をひそめて生きるハンセン病患者の物語だ。女医は島を巡り、患者を見つけ出し、設備の整った療養所に入るよう説得する。ほとんどのシーンで台詞もなく、ひたすらに歩く。記録映画の趣だ。杉村は説得されるハンセン病患者を演じる。

「重いものを背負った人の眼の上げ方とか、うつむき具合とか、本当に辛い生涯を送っている女の人という感じでした」。森は、初めて見るリアリズムの演技に心打たれた。

上／７歳の頃。前列左から母・艶、森、妹・咲子
　　後列左は嵐寛壽郎。京都の自宅にて
下／杉村春子と。『浮巣』（1985年）

2007年に制作した杉村の没後10年の特番の取材において、森は67年ぶりに『小島の春』を見た。細部への記憶に驚いた。洞窟の中で一人祝うひな祭りは森の証言通りの場面だった。森が願った、杉村との舞台共演は、1985年以降3本の作品で実現した。新劇への憧れは、大女優と呼ばれたその後も持ち続けることになる。

歌手に憧れて

戦況とともに映画の制作本数が減り、映画館は歌や芝居を見せるようになっていった。森光子は、歌に目覚めた。昭和16年（1941年）、12月8日に日本軍が真珠湾攻撃を行う年、「白衣の勇士を送る歌」をレコードにする話が進んだ。傷の癒えた兵隊が、完治して戦地に戻る。その勇士を看護婦が見送る。録音をし、テスト盤ができるところまで来ていたのに、内務省の検閲で、内容が感傷的すぎると発禁処分となった。デビュー盤がふいになり、21歳の森光子は、茫然として一人きりで東京行きの汽車に乗った。

歌手になりたい、東京へ行けばなんとかなる。声楽家のレッスンに通い、銀座にあった芸能事務所に所属した。地力はあった。やがて、スター歌手の前座をまかされるようになる。東海林太郎、田端義夫、藤山一郎、淡谷のり子ら飛ぶ鳥を落とす勢いの歌手の前歌を歌った。

その後、中国や南方の兵士慰問団に帯同し、兵士の前でセンチメンタルな歌を歌った。兵士の乗る飛行機には片道の燃料しか入っていないとも聞いた。そんな兵士のベルトに森は手ずからマスコット人形をつけてあげた。当人も南方では命からがらの経験をした。散歩をしていると空襲警報が鳴り、本来避難するはずの堅牢な防空壕にたどり着かないまま逃げ回った。敵機が去って戻ってみると、防空壕は跡形もないくらいに爆撃で吹き飛ばされていたという。

魅惑のアメリカ

昭和19年の正月は、シンガポールで迎えた。その2年前にシンガポールを陥落させた日本軍は、資産を接収した。その中にアメリカ映画のフィルムもあった。森たち慰問団はセリフもわからないままカラー映画の美しさに見とれ圧倒された。ステレオの再生方式が世界で初めて実用化された、ディズニーの『ファンタジア』、『ダンボ』、そして『風と共に去りぬ』。日本では、戦後になってようやく公開される映画を戦地で観た森は、そのあざやかさ、音楽の美しさに驚き「こんなに心打つ素晴らしいものを作っている国と戦っているなんて、これじゃあ戦争に負けるわね」と、仲間とこっそり言い合った。

戦争が終わると、慰問団の座組みはそのままに連合国の進駐軍を前に、2枚だけ持っていた振り袖を着まわしながら歌った。日本語だけではダメで、英語の歌を特訓した。

South of the border, down Mexico way...

舌を歯茎に押さえつけたthの発音、border のrの巻き舌を森はマスターしたという。他に「センチメンタル・ジャーニー」も英語で歌えた。森は「洗面所の歌」と呼んでいた。ガーナ・テーカ・セン（チ）メン（タル）・ジャアニィ……、アメリカ人の抑揚は森にはそう聞こえた。

進駐軍が接収した大阪の劇場で歌っていたとき、映写機を任されていた日系二世のGIに見初められる。GIはハムやソーセージ、タバコまで入った魅惑の携帯食料をくれ

戦地慰問での一コマ

た。二人は大使館で結婚式を挙げ、誓いの署名もしたが、先にハワイに帰ったＧＩからの求めには応えず、結婚は形だけで終わった。昭和22年のことだ。

「食い気だったんでしょうか」

後年、森は一度目の結婚をはぐらかして笑った。

まだ20代半ばの森は気持ちを切り替え、大阪の劇場で歌やコントを演じる日々を送った。その頃とあるファンが、森の「手踊り」がうまいと楽屋に赤いエナメル靴を差し入れた。後年の理解者ジャニー喜多川氏と藤島メリー氏の父である、喜多川諦道氏である。

森が幼き頃から憧れて諦めた、ショーの大舞台に初めて立ったのは89歳のこと。ジャニー氏の演出作品だった。その稽古場でジャニー氏が森に語ったエピソードである。

漫才の天才、ミス・ワカナ

若き日の森の素質を見抜いた一人に、漫才師ミス・ワカナがいる。

ミス・ワカナは全国各地の方言を巧みに操り、楚々とした様かと思えば、ドスを利かせる変幻自在の話芸で天才漫才師の名を恣にしていた。

ワカナは森を十代からかわいがり、自身の映画の座組みにも加えた。

森はワカナの生涯を舞台『おもろい女』で演じた。劇中のワカナは漫才を突き詰める過程で相手方の夫とは夫婦別れをし、軽演劇の俳優に惚れ、男の勧めるままに演劇や映画に手を出し、薬物に溺れる。終幕でワカナの心は漫才に立ち戻るが、若くして命を落とす。森はワカナの漫才の口跡を再現し、天才の孤独も演じきった。

森は、ワカナの最期に立ち会っている。

昭和21年10月24日、西宮球場での野外演芸会に出演するワカナとハイヤーに乗っていた。「これ、持ってって」と渡された白いハンカチ包みの中は、ヒロポンだった。今では覚せい剤として禁止されているが、副作用がわからなかった当時は、薬屋で売られていた。皮下注射して使用する。漫才師、バンドマン、歌手の多くが使用していた。注射した時は、疲れがとれた感じになる。だが、副作用が怖い。夜眠れなくなる。眠るために、また注射を打つ。震えて、痩せていく。ワカナは森と別れた直後、阪急電車の西宮北口駅のホームで倒れ急逝した。当時36歳だった。

テレビ黎明期の『若い季節』『おはなはん一代記』などで森と仕事をしてきた劇作家小野田勇が、森にあててミス・ワカナの生涯を描いた『おもろい女』を書いた。1965年にNHKでテレビドラマ化され、1978年に舞台初演。愛嬌あふれる森が好きだった小野田は、森にワカナの人生を覆った影の部分を演じさせることに躊躇いがあり、表現をマイルドにしようとしたところ、森が「テレビでお母さんを演じていても、舞台では女を演じさせてほしい。嫌な部分、本当の部分も演じたい」と懇願し、森がよく知るミス・ワカナがそのまま描かれた。アンプルを指先で叩き、ヒロポンを打つ場面のリアルさに、周囲は絶対に森もやっていたに違いないと笑ったが、森は注射嫌いでヒロポンは頑なに遠ざけていたという。

『おもろい女』では、ダッグアウトの扉を開けて、ワカナ、夫で相方の玉松一郎、戦後満州から帰り、久々に二人の漫才を見た作家の秋田實、ワカナの付け人として森光子が出てくる。

ワカナ　お疲れさんでした。わてらより先生の方が、久しぶりでくたびれましたやろ。
光子　車、来てるかどうか見てきます。ここにおって下さい。
ワカナ　おおきに。
　　光子、去る。
ワカナ　先生、わて万才捨てしまへんでしたやろ。亭主は捨てても万才は守り通しましたで。
秋田　よかったよ、おもろかった。お世辞でなく、君らは、たしかにもう日本一の万才や。（略）
ワカナ　気のせいか、特別うまいことといった気がするわ。
一郎　そやなァ、今日はまたよう受けてたわ。あんたも乗りに乗ってたしなァ。
ワカナ　乗りすぎて、くたびれたけどな。
秋田　これでまた、新しい勇気がわいてきた。やろうな。
ワカナ　やりましょ。
秋田　これからや。

ワカナ　そうですよ。（略）
　一郎、秋田去る。
　ワカナ、見送って……。
　少し歩きかけるが、ウッと胸を押えて立ちすくむ。
　グラリと揺れて、崩れるように倒れる。
ワカナ　死んでたまるか。
　（心臓発作の症状で）すこし、もがくが、ほとんど呟やくように……。
ワカナ　イ・チ……ロウさん。
　動かなくなる。

この直後、森が急遽ワカナの代役をつとめた。漫才は、相方がいないと成立しない。すぐさま森に二代目ワカナにとの話が出てきた。運命の分かれ目だった。この話を引き受ければ、漫才師の道を歩んだかもしれないが、森は引き受けなかった。

昭和24年、森は戦地で患っていた肺浸潤が悪化し、余命半年の結核に罹り、京都山科のサナトリウムで2年あまりに及ぶ療養生活に入る。療養中、森はラジオにかじりつき、音だけで表現するドラマの奥深さに取り付かれる。台詞回しや間合いの工夫、自分も演じてみたい、と胸を膨らませた。

昭和27年、完治した森は大阪でラジオ局に売り込みに行くが、戦前の映画スター、過去の人として冷たくあしらわれる。しかし、春になってNHKから出演依頼が舞い込む。ここから世間が森を見出すまでの、数年間の大阪での日々が、森の舞台女優としての長い道のりの助走となる。

当時の森を証言するのは関西から全国を席巻した『てなもんや三度笠』、『スチャラカ社員』を世に送り出したテレビプロデューサー、澤田隆治氏である。

テレビ草創期の森光子——澤田隆治の証言

澤田氏が朝日放送に入社したのが、昭和30年。森は『漫才学校』という人気番組に出ていた。先の秋田實が本を書き、ミヤコ蝶々が校長役、生徒の名前を読み上げて出席をとるのが用務員の南都雄二、生徒は秋田AスケやBスケ、夢路いとし、喜味こいし、笑福亭松之助ら。その人気番組に「美人で評判の」新しい先生がやってきた。

「戦前の映画女優でラジオに出られたのは大阪では森さんくらいではないかな。ラジオをこなせる器用な人が映画にはほとんどおられなかった」

当時の娯楽の一番は映画で、スターといえば映画俳優。技量を備えた新劇俳優が当てられることの多かったラジオで、脇役とはいえ映画女優だった森の登場は、インパクトがあったという。戦後、森は映画には殆ど出演していなかった。新しいメディアに賭けていた。『漫才学校』では数回の出演でたちまち、しどころの多い生徒役に変わった。

「生徒のほうが蝶々さんとの丁々発止の掛け合いになりますからね。蝶々さんは森さんと同い年なのに『オバハン』と呼ばれることにおかんむりでしたが(笑)」

演芸班に配属された澤田氏は、プロデューサーに頼んで『漫才学校』の収録を見学に行く。ラジオの公開放送に2000人もの観衆が集まっていた。

「普段ラジオで音しか聴けないお客さんはすごい盛り上がりでした。蝶々さんは貫録十分でさすがにすごいな……と。そのとき、森さんだけが『よろしくね』と挨拶をしてくれて、すごく心に残って忘れられなかった。大学を卒業したてで、それが森さんとの最初の出会いですわ。目の前にいて、にっこり笑っている森さんはキャリアがあって、年はとっているけど若々しくてね、30代半ばだったけど20代にしか見えなかったですね」

宝塚歌劇団の娘役として宝塚大劇場に立っていた浜木綿子も当時の森を目撃している。
「宝塚大劇場の横に小劇場があったんですよ。そこで漫才をやってらしたんですよね。拝見して、すごく良くて、面白くて明るい方だと思いました。東京の芸術座で再会した時の楚々とした姿と印象は違いましたね」

大阪でテレビの民間放送が始まってまもなくの昭和32年、森は『びっくり捕物帖』に出演する。中田ダイマル・ラケットの二人が間抜けな目明し、与力は新人の藤田まことが演じた。事件が起こり、目明しの二人が間違った推理で笑いを取ると、与力の妹の妙（森）が颯爽と現れ、名推理で犯人を突き止める。捕まえる段になると妙は頼りない二人を助け、一人大立ち回りを演じる。女性らしく軽やかに峰打ちで相手をこらしめ、全てが落着すると報告を聞いた藤田が一言「ご苦労であった」と締める。瞬く間に人気番組になった。

「森さんはラジオで名前が売れていましたが、テレビで一気に顔も売れました」（澤田）

大阪で民間のテレビ局が増え、ラジオの人気番組を3本も抱えていた澤田氏も、人手の必要なOTV（大阪テレビ）に転籍し、『びっくり捕物帖』のディレクターを任せられる。

殺陣の稽古の帰りに、森と藤田まこと、澤田氏が心斎橋を歩いた時のことだ。通行人が3人を追い越していくのを気にも留めなかったら、やがて行く先のはるか向こうで大勢の人が「森みっちゃん！」と大騒ぎになった。生まれたてのテレビは、映画と異なり人気のバロメーターが判り辛かった。反響におどろく藤田に森は言った。

「人気ってこういうことなのね」

3人は、テレビの影響の大きさをひしひしと実感した。

『びっくり捕物帖』（1955年頃）。提供／澤田隆治氏
上／左から、中田ダイマル・ラケット、藤田まこと、森光子
下／左から、中田ダイマル、森光子、中田ラケット

テレビ界の転機

当時のテレビは生放送だった。録画できるビデオが開発されていなかった時代のことである。出演者は、全ての場面のセリフと段取りを頭にいれ、時を止めずに演じていく。季節や年月の経過も、隣り合わせのセットで衣裳を替えながら行う。どこに立ち、どのカメラに向かってしゃべり、どのタイミングで次に動くか、タイミングを見て、大道具係がセットを変える。時々、とんでもない混乱が起きる。森は当時のエピソードを面白おかしく振り返った。

「放送の最中に、カメラのケーブルから煙が出てボッと火を吹いたことがあります。必死になって消している技術の人たちを横目でチラリ、チラリとさりげなく見ながら演技をしたり、時代劇でお屋敷の門がギィーッとあいたら、レシーバーを耳に当てた音声の技術さんが、アッと立ち上がったり、斬られて倒れた死体をアップからゆっくり引いて全景をうつす幕切れが、計算より早く終わってしまい、延々と死体を写しているうちに、息をとめていた俳優さんが、もういいだろうとムクムク、それが全部放送されて大目玉を喰らった方もありました」

『びっくり捕物帖』でもトラブルはあった。

森が持つ手刀の刀身が吹っ飛び、機転を利かせた共演者が差し出した刀で、その共演者を斬りつけ、さらに一人、二人と斬ると予定の三人目がいない。刀を差し出した人が三人目のはずだったがすでに斬ったのでその場にはいない。長い沈黙が流れたという。

昭和33年、テレビの世界が大きく変わる。

日本で最初のＶＴＲの機器が『びっくり捕物帖』を放送するＯＴＶにもたらされた。ドラマの事前収録が可能になり、稽古から収録にかかった日数が半分でおさまり、俳優は仕事の掛け持ちが可能になった。これが森の上京のきっかけとなった。

同じ年にテレビドラマ『私は貝になりたい』が大きな反響を呼ぶ。第13回文部省芸術祭芸術祭賞の栄誉に輝いた演出家は森の夫となる岡本愛彦だ。

岡本はＮＨＫ大阪在籍中から、森の演技に注目し、草創期から自身の演出作品に起用していた。やがてＮＨＫ大阪放送局をやめ、上京してＴＢＳに移った岡本は、当時のテレビ界ではタブーを破る。大阪ネタは関西のテレビ局、東京ネタは東京のテレビ局がそれぞれ制作し、互いを侵さない不文律があったが、岡本はTBSで織田作之助ら大阪の作家の短編をドラマ化して評判をとる。岡本は、大阪の空気が必要な作品に森を呼んだ。

岡本とTBSで同僚だった石井ふく子氏は、岡本のデスクに森の写真が貼ってあるのを見つける。「おかもっちゃんに『好きな人?』とか色々質問しても『まあね』って。ずっと『まあね』で通されちゃいました」。

ある時、岡本が森に殺し文句を口にする。

「森光子さんは、ただの喜劇女優で終わっちゃもったいない、僕はそう思っている」

東京――「ちゃんとした」本の芝居と結婚

昭和33年夏、完成したばかりの梅田コマ劇場で『びっくり捕物帖』のスタッフが手掛ける舞台『あまから人生』が上演された。ある日、東宝の重役であり『君の名は』の作者である菊田一夫が、飛行場へのハイヤーを待つ3分間、客席後ろから舞台をのぞいた。

舞台では、空襲の後の瓦礫の中、森光子が防空壕から飛び出し、鼻歌交じりに洗濯をする場面を演じた。思いつきで、当時の流行歌を四つ盛り込んだ。

「おーい、舟方さん――お月さん、今晩は――有楽町で――おれは待ってるぜ」

菊田が劇場支配人に「あの子、何ていうの?」。森光子と告げると「いいねぇ、使えるね。年は16、7くらい?」。そして、「来月会えるようにしておいて」。

翌月、菊田は森に告げる。

「きみ、東京の芸術座って知ってる?」

「はい」

「ちゃんとした本の芝居をやろうという気はありますか?」

「はい、もちろん」

「今年の秋か、冬に芸術座でやるものと思って下さい」

ラジオドラマ『君の名は』作者からの夢のような誘いだった。森が幼い頃から憧れてきた新劇や大舞台が、ようやく間近に見えたことだろう。森は、昭和33年暮れの芸術座

『花のれん』で東京へ進出した。

ＯＴＶとの専属契約がある中、森は東京の舞台と大阪のテレビを何とか両立させようと努力した。ＶＴＲの誕生でまとめ撮りが可能になっていた。ひと月の舞台に出るためには『びっくり捕物帖』４本分を一度に収録する必要がある。

森を慕う共演者とスタッフの力で夜を徹してビデオ撮りをする。

「東京で主役ならいざ知らず、脇をやるために何で僕らがビデオ撮り」とやっかむ声もあった。中田ダイマル・ラケットも「かなんな」。森のファンだった売れっ子脚本家の香住春吾に最も仕事の比重がかかった。一度に４本も、５本も書かなければならない。

「香住さんがついに倒れたんですよ。奥さんに『殺す気！』とえらい怒られて。それで、森さんにはやめてもらわないとしょうがないというようになっていった」（澤田）

『漫才学校』で共演したミヤコ蝶々は、森の東京行きに強く反対した。

「森みっちゃん、東京へ行く話あるんやて。やめたほうがええで。せっかくここまでになったんやないか。東京にでてしまったら、また、いちからやで」

妬みではなく、森の苦労を見続けた蝶々ゆえの温かさだろう。

蝶々は大阪を本拠地として、自身が作・演出・主演をつとめる人情喜劇を亡くなるまで勤め上げた。

昭和33年、大阪・長堀橋に高層マンションの走りである、11階建ての公団住宅「マンモスアパート」が建設される。当時産経新聞の記者だった司馬遼太郎や南海ホークスの野村克也が住まいを構える中、森も高層階に部屋をもっていた。ある朝、澤田氏が迎えにいくと岡本愛彦がいた。

森は結婚するから東京に引っ越しする、と言った。

「『澤田さん、家財道具は持って行かれへんから、みんないらない？』って、言われたんですよ。当時は電圧の違いで、関西の家電は東京では使えなかったんです。新品だから半額ねって、割安で使い勝手のいいＳＡＮＹＯの製品だった。冷蔵庫とか三種の神器が僕のところに、どーんときたんですよ」

撮りだめの末、ＯＴＶとの専属契約は終わる。森の身柄を菊田は、女性マネジャーの草分けである吉田名保美に託す。森の6歳下にあたる吉田は、帝国ホテルから芸術座の看板を見上げた。大看板の上手《かみて》に格上の女優の写真が、下手《しもて》側に森の写真があった。写真が右か、左か、当時の芸能界では扱いの明確な違いを表していた。

「私は森の写真を上手にしてみせる」

吉田は、国会議員の秘書を経て芸能界に入った。洋服はオートクチュールで固め、当時の男社会で敢然と立ちまわった。東京を拠点に、吉田のマネジメントのもと、岡本のいるＫＲＴのドラマと東宝演劇を軸に、森の躍進が始まる。まずテレビの主役を数多く決めて、森の才能を世間に広く紹介した。舞台では菊田の方針に従い、しどころのある脇を務めた。森の男性関係が報じられそうになった時は徹底的にシャットアウトし、森を守りぬいた。負けん気の強い吉田は、菊田らを相手にした麻雀で負けても感情を露わにして悔しがったという。

昭和34年（１９５９年）10月12日、森と岡本は結婚する。芸術座の『がめつい奴』公演中だった。

夜の部の楽屋入りから逆算し、披露宴は正午から赤坂プリンスホテルで催された。

芸術座から連絡があり、ウエディングドレスで楽屋入りして欲しいという。楽屋へエレベータで上がると、三益愛子や榎本健一、中村扇雀（現・坂田藤十郎）らが口々に「おめでとう！」とライスシャワーを浴びせた。そして楽屋で岡本の見守る中、釜ケ崎の住人の扮装に戻って、舞台袖へ駆け込んだ。

この2年後、森は初主演を射止める。「一生脇で行くんだな」と森に伝えていた菊田が、機が熟したとばかりに『放浪記』の主演を用意した。

「代役を断ってくれてありがとう」——浜木綿子の証言

昭和36年、世界が東西に対立し、米ソが覇権を争った時代のこの年、1月にはケネディが米大統領に就任して、4月にはソ連のガガーリンが人類初の宇宙旅行に成功した。日本も高度経済成長期を迎えた。東京オリンピックも目前だ。そんな折に、後ろから懐かしい同郷の人に声を掛けられるように、日本人のかつての哀歓を描いた『放浪記』は初演された。その年の暮れ、ＮＨＫの忘年会に吉田と共に顔を見せると、演劇評論家の戸板康二が近寄ってきた。「もう言ってもいいかな、もうすぐ発表だから、いいだろう、おめでとう」。森が「え?」と聞き返すと戸板の姿は人群れに消えていた。

「決まったのよ、芸術祭が……」察しの良い吉田が涙声で告げる。ほどなくしての午後3時、NHKニュースが森の芸術祭文部大臣賞受賞を報じる。吉田は森の手を握って「よかった、おめでとう、ううう」としゃくりあげた。「どんなに腕が良くても売れなきゃだめ」と常々言っていた、吉田の願いが叶う。森は、時の人として暮れの紅白歌合戦に審査員として招《よ》ばれる。

年明けに名古屋、大阪と巡演が続き、3~5月に芸術座で凱旋上演が行われた。大阪で罹った流感を引きずっていた森は公演中に日比谷病院に担ぎ込まれる。ベッドで聞こえるのは、菊田と医師による代役起用の相談だった。日夏京子役を演じる浜木綿子は、菊田から芙美子役を演じるように指示される。

浜は宝塚歌劇団在団中から菊田にその演技を買われ、『がめつい奴』『がしんたれ』などの東宝演劇に出演していた。昭和36年春に歌劇団を辞め、日夏京子役に臨んだ。浜の力で芙美子役は演じられるだろう。後年、その表現力が「女(六代目)菊五郎」と賞賛されるほどの名優である。数多くの舞台で陽気でありながら悲しさも秘める女を演じた。その手の役は十八番といっていい。しかし浜は「あの明るい森さんが一切お笑いにならなかった」と緊張感の張り詰めた稽古を振り返り、森が大切にする役を演じるわけにはいかない、と感じた。頂点に立った女優同士だからこそ、侵すべきではない領分を弁《わきま》えていた。

浜は菊田に「こんなに膨大なセリフを覚えられません」と適当な理由で断った。医師も森の気持ちを汲み、森は休演をまぬかれた。公演を全うした森は浜にこっそり「(芙美子役を断ってくれて)有難う、あっこちゃん(浜の本名)」と伝えてきた。森が女優人生において弱みを見せたのはこの時と『放浪記』終盤の時だけだろう。後はずっと強気の人だ。

浜も自身の帝劇での座長公演(『からくりお楽』2002年)で舞台袖にはける時に転倒し、手首を骨折したことがあった。ひと月の公演を半分以上残している中でのアクシデントに周囲は肝を冷やしたが、浜は着物に手首を隠し、主演を全うした。商業演劇の座長の務めについて浜は「すべてに対する愛。情熱。犠牲感。主人公をつとめるというのは、苦しいですね。演じるほうが楽しくならなくては、ご覧になるお客様が楽しくない、という言葉をよく耳にしますけど、私は楽しいと思って演じたことは、本当にありません。宝塚や歌舞伎だってそうでしょうけれど、特に商業演劇は、お客様の呼吸によって私たちが動かされます。エネルギーが発射されて、私たちはその空間を受け止めて演じるわけですから辛いです。森さんもきっと同じお気持ちで『放浪記』を演じられたと思います」。

1974年の菊田一夫追悼公演を最後に浜が日夏京子を演じることはなかったが、節目で『放浪記』に出かけ、最後は2008年のシアタークリエ公演を観た。

カーテンコールで森は、長い時間をかけて観客全員に手を差し伸べて、感謝の思いを伝えた。森が80歳を過ぎて始めた演出だ。

「何とも言えず、涙が出そうでした。隅々のお客様にまで伝わるように、ずーっと。幕がおりて、ほっとされて、一番疲れていらっしゃるときですよね。でもそうほっとしてもいられない、それをやらねばならない。主役の辛さですよね。導いてくださったお客様を大事にするということ」

久しぶりに森の楽屋を訪ねた。「森さんはあの頃、あまりお元気じゃなかったんですけども、すっと振り向かれて『ああ、しばらくね、あっこちゃん』と仰いました」。「『カーテンコールまで大変でいらっしゃいますね』とお伝えすると『でもね。お客様があれがいいっていうから、私続けてるのよ』と。それは忘れません」

浜の言葉の通り、森は演劇や観客への愛と情熱、犠牲感を抱きながら、90歳まで座長を務め、そして燃え尽きていった。

離婚。それぞれの言い分

8か月に及んだ『放浪記』初演が終わってまもなく、森は岡本から別れ話を切り出される。昭和38年、二人の離婚が発表された。

『婦人公論』昭和38年6月号には、森、岡本、菊田それぞれの手記が掲載された。『放浪記』成功以降のマネジャーや東宝による「非人間的なスケジュール」が森を結婚生活から遠ざけた、と岡本。

中年から売れ出した役者として、いずれ下り坂になるまで貪欲に仕事をしようと思った。家事も出来る限り頑張った。夫の愛情に甘えていたら、いつしか夫から別れ話が来た、と森。

最後に菊田は、森と岡本の離婚を踏まえ、女優から結婚についての相談を受けた時、こんな風に答えていると記した。

「あなたは、本当に結婚したいのか、舞台よりもスクリーンよりも結婚のほうが幸福であると思っているのか、それならば、いまの仕事をやめて家庭に引きこもる決心をなさい。日本の芸能界からまた一人、有望な女優がいなくなることになるのが寂しいが、あなた自身の幸福のためには、それもいたしかたがありません。興行会社の重役であり、作者でもあり演出者でもあり、同時にこれから先の日本の演劇のことを考えあぐんでいる私が求めているのは、六拾歳になっても七拾歳になっても立派な仕事をしている大女優なのです。但し女性としては不幸な人、これを欲しているのです」

2回の結婚のほか、戦争の前後から中高年に至るまで、森はいくつかの恋をしている。

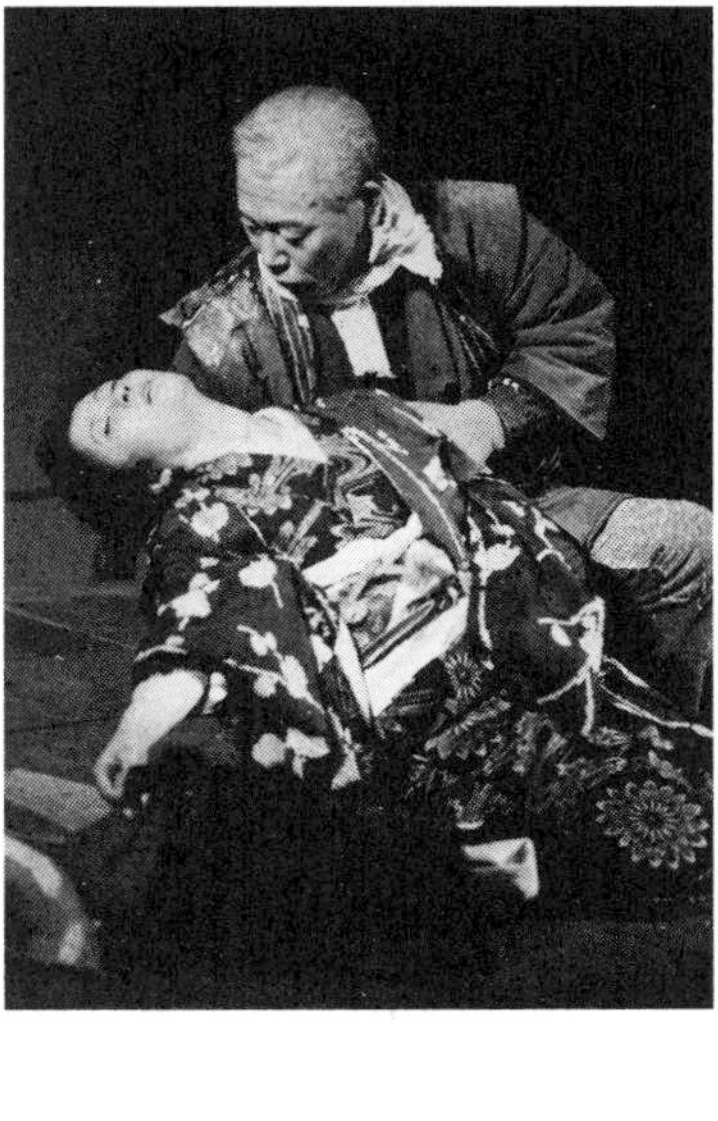

『越前竹人形』（1964年）
上／中村嘉葎雄（当時・賀津雄）と
下／志村喬と
（提供／東宝演劇部）

軍人、作家、幾人かの芸術家……。いずれもつかの間の止まり木のようでしかなく、お定まりのように破局を迎えた。輝かしい女優の道にとって何の影響もなかったかのように、森は過去の恋について意に介さなかった。多少の強がりがあったかもしれないが、恋や結婚などよりも大切なことがあったと言いたげだった。

唯一、原作者との破局のせいで再演が叶わなかった『越前竹人形』については、めずらしく未練を口にした。竹の精のようと台本に描かれる玉枝役の森が、舞台一面に障子が敷かれた雪景色を歩いた。サクッサクッと雪を踏みしめる音がした。森は美しく儚げで、観劇した石井ふく子氏も「この作品は鳥肌が立った」と思い出す。もう一度演じたかった、と後年に語ったが、これも幸福を求めたわけではなく、良い舞台を演じたい一心での未練だ。

日夏京子が晩年の芙美子の背中に語り掛けるように、確かにある意味において森は不幸だったかもしれない。

森は憧れや挫折を腹の底に押し込めて、菊田が望んだ大女優の道を走り続ける。

第三章

ひとりぼっちじゃない。仲間がいた

紅白歌合戦余話

昭和37年（1962年）、42歳で、森は『第13回紅白歌合戦』の紅組リーダーとして司会をつとめた。当時のニュース映像が残る。まず有楽町の東京宝塚劇場を写し出す。満場の観客に見守られ、紅白74名の歌手が入場する。紅組の最後に登場したのがキャプテンの森光子である。緊張した様子もなく、行進を楽しんでいる。「紅組リーダーは森光子でございます」はずんだ声が聴けた。江利チエミ、美空ひばり、島倉千代子、ザ・ピーナッツら紅組の中心に森がいる。

昭和53年に続き、59年に紅組リーダーを務めた回は、都はるみが引退する話題もあり、瞬間最高視聴率84・4％を記録した。

森は歌手の中で貫録を漂わせ、白組の鈴木健二アナウンサーと漫才をするなど、盛り上げている。そこへ、同じ京都の西陣で、母の機織りのリズムで歌がうまくなったという都はるみが出てきて、森と『祇園小唄』を歌う。

♪月はおぼろに東山……と歌ったあと、森は言った。「やっぱり、赤、血が騒ぎます」大詰め、都はるみのラストステージ。鈴木アナが森に言った。「森さん、歌手人生の最後を迎えた都はるみさんに、贈る言葉をお願いします」。森は落ち着いていた。

「都はるみさんは、満開のままで、散りたいそうです。出場20回、20年間ありがとう。『夫婦坂』です」

♪曲がりくねった坂道だけど、ついてゆきます　夫婦坂
最後の歌唱で、会場に涙があふれる中、鈴木アナがサプライズを仕掛けた。「皆さん、私に1分間だけ時間を下さい。はるみさんに、もう1曲歌っていただけないか、交渉します」。鈴木がはるみと話をしているさなか、アンコールの曲の演奏が始まった。舞台は入り乱れるようになり、収拾がつかない感じで、「♪好きになった人」が始まる。涙で歌えない都はるみと紅組歌手達、「♪さよなら、さよなら、好きになった人」、感情があふれ出た鈴木アナに対し、冷静に舞台の進行をみつめる森の姿が、際立って見えた。

鈴木アナの説得の最中、都はるみの呟きを傍にいた森だけは聞いていたという。

「おうちに、帰りたい」

森はただ、寄り添うことしかできなかった。（「わたしの放浪記」森光子）

マネジャー吉田名保美との出会い

舞台、テレビドラマはもちろん、紅白の司会に至るまでの幅の広い仕事ぶりは、マネジャー吉田名保美の辣腕によるものだ。その後吉田は、ＮＨＫのドラマで森が出会った黒柳徹子についてもマネジメントを買って出た。黒柳が今は亡き吉田を振り返る。

「ＮＨＫで吉田さんを見て、こんな綺麗な人はいないと思いました。お帽子なんかかぶってとても素敵でした」

森が劇場を出る際に、迎えの車に吉田が先に乗り込み、森がマネジャーのように後を追う。そんな二人のあべこべの姿を見て、見送りのスタッフたちが笑っていたと森が語るほどに、吉田はオーラをまとった人だった。

「私が（ＮＨＫから独立して）フリーになったらマネジャーをお願いできますかと相談しました。ＮＨＫの〝うるさ方〟も、あの森みっちゃんがマネジャーにしているぐらいだからよっぽど優秀に違いないって言ったので、尚のことお願いしました」

その後、吉田の事務所で森と黒柳は舞台共演を重ね、波長のあった二人は姉妹のように付き合うことになる。

テレビ草創期から生放送での奮闘ぶりが知られる黒柳だが、吉田の事務所に入ってからは、森との共演舞台や『ラ・マンチャの男』『屋根の上のヴァイオリン弾き』など東宝ミュージカルにも出演する。後年、黒柳はブロードウェイで最新の翻訳喜劇を演じるようになり、毎年、そのキャラクターを舞台で輝かせることになる。

森とはNHKの生放送で出会った。セリフ覚えの早い二人には割り当てが多く、苦楽をともにした。「テレビがはじまった時、私はNHKで養成を受けました。森繁さんや森光子さんはすでに映画や舞台では両巨頭で、沢村貞子さんもいらっしゃった。皆さんすごい先輩でしたけど、テレビっていう新しいものが始まった時は、みんな一緒に心を合わせてやらないとうまくいかないっていうのは分かっていたので、ヨーイ・ドンという感じです。特に森さんは仲良くしてくださったので、それから舞台も一緒にやりました」。

後年、黒柳は森にあてて毎日のようにFAXを送った。伝えたいことが多すぎて、縦書きで書いていたものがやがて余白まで渦を巻いて綴られた。

そんな黒柳の、昭和40年代の森についての思い溢れる証言だ。

徹子ちゃんは裏切らない――黒柳徹子の証言

女学生の上級生と下級生のようでした。いつも芝居の時なんかでも、楽屋で一緒にご飯を食べて、昼と夜の間、毎日毎日森さんのところでご馳走になりながらね。

いつか私がハッサクをすごく食べていたんです。森さんの楽屋でね。「美味しい、私ハッサク協会の人と結婚しようかな」って言って。そしたら森さんが「徹子ちゃん、ハッサク協会ってのはないんじゃない？　柑橘類協会とかいうんじゃないですか」というの。その森さんの諌め方が凄くおかしくてね。

それから私が雑誌を見ていたら、毛がいっぱい生えている人と、つるつるの頭の同じ人が一緒に写真が出ていまして「こういう毛生え薬って詐欺に決まってるじゃない」って言ったら、森さんが「徹子ちゃん、それカツラのコマーシャルなの」って。森さんすごく目敏かったですね。

パンダが来た時、私上野動物園と親しかったのでね。パンダを日本で有名にさせたってこともあって。まだみんなパンダを知らなくて話も聞いてくれなかった頃に、森さんだけは興味をもって「見たい」と仰って。私が一番に上野にお連れして、カンカンをお見せしました。後になっても、「私たちパンダ見たわよね」ってずっと仰っていました。

『縮図』という舞台に二人で出ていたとき、森さんが演じた東北の芸者が、恋に破れて雪の中で寝転がって泣いているんです。それで私が「なしてそんなとこで寝てんだい？」と言ったら、客席にいた女の子が「寝てんじゃないわよ」って言ったんです。「私だって知っています、知ってて演じています」と言おうと思ったけど、東宝の人も観てるかもしれないと思って言わなかったのですが、森さんが「徹子ちゃん、東宝の人が見てようと見てまいと、客席の人と喧嘩しちゃいけません」って。

当時、私はタクシーで劇場に通っていたんですね。そうしたらある日、タクシーがぶつかっちゃったかなんかで遅くなって私が楽屋入りしないまま、『縮図』の幕が開いてしまうわけです。私は本当にギリギリで、自分の出番に間に合わないくらいになっちゃったんです。死に物狂いで走って、芸者さんの役だったので、顔白く塗って唇塗ってカツラかぶって、何とか出番には間に合いました。裏で私のバタバタと入ってくる音がして、舞台上の森さんたちはおかしくて笑いを堪えていたそうです。共演の方からは「いつも30分も40分もかけてるのと、今日1分くらいでやったのと、全然変わらないじゃないか」って言われました。

森さん自身はキリッとしていて、面白いことはなさらない方だったんですけど、誰かがそんなおかしなことをしたという時は森さんがもう言いようもないくらい笑ってね。

二人で舞台裏に引っ込んで、また出るので、セットの後ろに一緒に隠れているときに「あー寒い」って私が言ったら、森さんが「あー暑い」って、同時にね。「あー」って言

上／黒柳徹子と
『縮図』（1967年）
（提供／東宝演劇部）
下／吉田名保美と黒柳
徹子。「『窓際のトットちゃん』出版
―感謝の会」にて。
1981年頃
（提供／吉田事務所）

ったから、「何て言おうと思ったの?」って聞いたら「暑いって言おうと思った」っていうから「やだ私、寒いって言おうと思った」って、二人で後ろで笑っちゃいました。森さんはあんなに小さいのに暑がりだったのね。私が寒いって言ってるのに扇風機が回り続けていました。

今となると、何でもが思い出です。毎日ほとんど笑って暮らしてましたね、あの頃は。

うんと若い頃にね、森さん、「徹子ちゃん、子供産まない?」って私に仰って。びっくりしました。「徹子ちゃんが子供産んだら、私育ててあげるから。あなた忙しくてダメなら、私が育てられるから」って。その時は、産む頭もなかったんだけど、誰かがいるとかそういうこともなかったんだけど、森さんはなぜだか「産んで」って。

どうしてかっていうとね、「徹子ちゃんの子供はきっと面白いに違いない」って。そんなこと言われたことはなかったので、びっくりしましたし、森光子さんて方は本当に優しい方でね、同業の女優にそんなこと言うなんてね、普通はないでしょ。男なら話は別でしょ。「俺の子供産んでくれ」って。(笑)

ニューヨークに行ってるときもね、こんな大きい字で、「お小遣い困っていませんか。いつでも送ります」ってお手紙いただいてね。「こんないい人、芸能界にいるんだ」って。ニューヨーク行って何やってるかわかんないような人に、おんなじ女優さんが手紙書いたりしませんよ、普通は。私ちょっと泣きました。優しいって。

女優同士で珍しい存在だと思います。

森さんも私は裏切らないって、思ってらしたのだと思います。それは出会いから最後まで変わらなかった。

両親が亡くなって以来、さまざまな幸せが訪れてもつねにそれがユーターンしていく人生だった。天真爛漫で、臆さずに森に近寄ってきた黒柳には、森も心を開くことができたのだろう。

吉田は二人の特長を生かしながら、二人にふさわしい仕事をマネジメントした。吉田の評判で俳優たちが押しかけ、事務所はやがて大所帯となった。昭和52年、森は吉田のもとから独立し、妹・咲子とオフィス・モリを構えた。吉田は、黒柳のマネジメントを続け、ユニセフ親善大使の活動もサポートしたが、昭和62年に61歳で急死する。黒柳は「吉田事務所」の看板を、吉田の妹らと共に今も守り続けている。

昭和49年、吉田が森に用意したとっておきの仕事が『3時のあなた』だ。

『3時のあなた』の司会

森は、やがて、与えられた役を演じるのでなく、自分の言葉でしゃべりたいと思うようになる。テレビの生番組のワイドショーと『放浪記』などの舞台を演じることを、14年間続けた。テレビが午後4時に終わるとすぐ車で新宿河田町のフジテレビから日比谷にかけつけ、舞台に立った。昭和43年、フジテレビは、午後の時間帯開拓のため、主婦が家事を一休みする15時台に55分の本格的なワイドショー『3時のあなた』を新設した。月曜日から金曜日まで、初代の司会者に高峰三枝子を据え、サブの司会はフジの男性アナウンサー。そして、森が登場したのは昭和49年（1974年）、森はスタジオゲストと対談するだけではなく、事件があると報道局に出向き、そこから速報を伝えた。

「私は、月曜日と火曜日を担当しましたが、担当の日に大きな事件が次々と起こりました」

　当時の番組の映像には、報道フロアの特設席に座る森の向こうに、スタッフが原稿を持って走り、映像を編集して番組に突っ込む光景が映っている。森は冷静に、入ったばかりのニュースを伝える。緊急ニュースが入ると、ただちに速報しなければならない戦場なのだ。昭和57年（1982年）2月8日深夜、東京・永田町のホテルニュージャパンで火災が起きた。作動しないスプリンクラー、鳴らない火災報知器、死者が33人にのぼった。テレビが伝えたホテルの高層階から飛びおりようとする人々の姿が痛ましい。そして、夜が明けた朝8時44分、日航福岡発東京行きＤＣ８型機が羽田沖に墜落、24人が死亡、149人が負傷した。森は二日連続で起きた大惨事の速報の現場にいた。「たくさんの事故をお伝えするのは、本当に難しく、それは、きりきり舞いの日々でございました」

「あなたは真摯だ」——田中角栄と美空ひばりの涙

それから2年後の昭和59年（1984年）、『3時のあなた』は、森の司会通算1000回を達成した。この夏、軽井沢のプリンスホテルで、ロッキード事件で刑事被告人となった田中角栄元首相のインタビューを行った。約束の場所は、ホテルの庭にある大きな木の下。森は15分前に到着した。

しかし、田中はその5分前に着いて待っていた。田中は日本列島改造論を掲げ、コンピュータ付きブルドーザーと呼ばれる勢いで、首相に登りつめたが、ロッキード社の航空機売り込みで起きた贈収賄事件で逮捕収監され、率いていた自民党の最大派閥も分裂し、人も離れていった。田中角栄と森光子は、小さな白いテーブルを挟んで向かい合って座った。田中は森光子のファンだというかすかな情報があり、出演交渉をしたら、対談が実現した。高い学歴を持たず、庶民宰相、一時期、「今太閤」と、秀吉になぞらえられて人気のあった田中と、『時間ですよ』の銭湯の番台の女将が向き合った。日差しは強いが、高原の風も時々、吹き抜けた。田中にとって、森の質問は、意外だった。事件や、その後の騒動についてではなかった。森は、「あれだけの人がついていったのだから、お金だけの人ではないと思って、インタビューに臨みました」。

森、カメラ向きで「元総理の田中角栄さんを、軽井沢にお訪ねしました。本当にお忙しいところ、申し訳ございません。お忙しいという意味は、ゴルフも入っていますが」。いきなりジャブを出した森は、次に「角栄さんという名前は、どこから、お父様か、お母様か……」。

田中は答えた。「初めは角太郎とつけたい、長男として育つようにね。ところが、母親が反対したらしいんですな。なぜ、反対したかというとね、実家の隣に、〝角太郎〟という犬がおったというんですね。絶対に嫌だと」。

こんなことを公に聞いた人は、それまでいなかった。田中は、体の一部が麻痺するなどし、リハビリをしていた。

森「病から、退くよりも、向かって行く方が……」

田中「長生きしたいために、ジョギングをしてるでしょ。ジョギングほど、単調で面白くないことはない。ジョギングするなら、働いて草取りをしたほうがいい」

こうして約束の1時間が過ぎた。

森「先生、お腹がお空きになったのに申し訳ございませんわ。皆さんが気になさって」

「わしはかまわないんです。わしは、ご飯なんかいいんですよ」という田中の言葉で延長され、結局3時間の対談となった。終了した時の映像を見た。汗をハンカチで拭く田中の目に涙があふれ、止まらない。何度も、何度も、涙を拭う。「私にものを聞くとか、インタビューをする場合にね、いじくるとか、怒らせるとかね、そういうショー的なものが多い。あなたはね、真摯なね、お話を承って、私も感激しました」と言った。

森光子が司会を務めた『3時のあなた』の第1回と最終盤に出演したのは美空ひばりだ。

森が、米軍キャンプ回りをしていた時、GIからひばりの発音は抜群だと聞いて憧れた。歌番組や帝劇の舞台裏でよく一緒になり、友情を育んだ。

1988年3月7日の最終盤で美空ひばりは『リンゴ追分』と『みだれ髪』をスタジオで歌唱し、森を前に涙を流した。ひばりは1981年に母、弟かとう哲也（83年）と香山武彦（86年）を相次いで亡くし、87年には自ら体調不良を訴え入院生活を余儀なくされた。東京ドームでの復活公演の前年のことだ。

「待っておりました、この歌声を。ご自分では療養は長かったとお思いになりますか？」と森。

「家族のショックを味わってきて、今度は自分になって助け舟はないわけですよね。その時のショックは口では言い表せない。ファンの方たち、森さんらの激励がなかったら私はどうだったのかな、と今思います。いくら歌が好きでも、また一人で立ち直れたかな。ファンの皆さんのおかげ、私はまだ歌に執念があるんだな、と。『リンゴ追分』で涙は出てこないんですけど、久しぶりに涙が出てきちゃったのは第一回のときに出た思い出とか、森さんがここに座って聞いていらっしゃるとか、その時はおふくろがいたり、弟が元気だったとかいろんなことが走馬灯のように歌っている間浮かんじゃって」

『みだれ髪』歌唱後のひばりに、森は涙ながらに駆け寄った。

「ひとりぼっちになんてしません！　みんなついていますから！」

1988年、クリスマスイブの夜、目の不自由な人を支援するチャリティ番組「ラジオ・チャリティー・ミュージックソン」（ニッポン放送）に、森はパーソナリティとして出演した。24時間の生放送だった。放送中、美空ひばりはニッポン放送に電話をしてきて「森さんががんばっていらっしゃるので」と電話口で『ホワイト・クリスマス』を歌った。日本中に美空ひばりの歌声がこだました。二人とも声だけで勝負をするラジオが好きだった。翌年6月、美空ひばりは亡くなった。

お母さんのイメージ

1968年、森光子は半世紀続く「ひと味ちがうタケヤみそ」の大ヒットコマーシャルに出演する。

1970年には久世光彦氏演出のもと、連続ドラマ『時間ですよ』（TBS）で、銭

『3時のあなた』森が司会を務めた初回放送。
森の友人が集まった。
左から鯨岡兵輔（衆議院議員）、美空ひばり、三升延（石井ふく子の母）、森、十七代目中村勘三郎、千嘉代子（茶道裏千家大宗匠千玄室の母）

湯の番台のおかみさんを演じ「日本のお母さん」のイメージを背負うようになる。『時間ですよ』は東芝日曜劇場のプロデューサー、石井ふく子氏が企画した１９６５年の単発ドラマが原型だ。夫は十七代目中村勘三郎が演じた。

『時間ですよ』には、石井ふく子氏の原体験が生かされた。

「私は花柳界の家の出でして、内湯がないんですよ。近所の玉の湯という銭湯に通っていまして、芸者さんたちも詰めかけていました。御座敷に出る前に銭湯に入ってから襟に白粉を塗ると落ちないと言われ、必ずそこのお風呂に寄ってから化粧をしていくのです。そんな様子を幼い頃から眺めていました」

銭湯に詰めかける、様々な人たちの人生模様が描けたらと石井氏は着想した。石井氏と脚本の橋田壽賀子氏が、夜中まで掛かって脚本作りをしているところに印刷屋から「すみませんけど、もう時間ですよ」と矢の催促が来て、タイトルが『時間ですよ』に決まった。客や従業員の世話を焼くおかみさんが森の役だ。

舞台では母親役をほとんど演じなかった。色気を感じなかったからだ。

「本当は、もっと違う女性の役をやりたかったので、はじめは、お母さん役をお断りしておりました。しかし、演じるうちに、いじらしさなどがわかってまいりました」

好評だった石井氏の作品を久世光彦氏が引き継いで手掛け、風呂屋の主を船越英二。そして従業員は樹木希林（当時・悠木千帆）、浅田美代子ら。堺正章も浪人生をしながら働いている。

森らが演じる人情噺と、差し込まれる従業員らのコントのメリハリが鮮やかで、やがて家族や近所の住人が分かりあえ、ほろりとするラストにすべてが収斂する。そして皆と共に控えめに森がいる。「実はアンサンブルのドラマなのに、見終わってみると、みっちゃんの番組になっているんだよな」。三木のり平も語った。森はすべてを背負うわけではない。コント場面の台本は「釜場のノート」と名づけられ、堺、樹木、浅田が毎回徹夜で考えてきた。久世もこの場面だけは3人に任せた。森はその仕上がりを楽しみに待ち、3人に自分の出番を与えられた時は楽しんで演じた。『時間ですよ』で見せた森の懐の深さは、その後、ラジオ時代以来森のファンだったという萩本欽一や、ザ・ドリフターズとの共演へと結びつく。

私生活では母にはならなかった。

戦時中からの付き合いで「心友（しんゆう）」と呼び合った赤木春恵に、森はいつも言っていた。「あやちゃん（赤木の本名）はいいわね。あなたには子供がいて孫もいて帰る場所があるけど、私はひとりぼっちよ」。

新劇の仲間も加わった『放浪記』——奈良岡朋子の証言

森が情報番組からバラエティー番組まで、テレビの視聴者を舞台に呼び込む力をつけていた頃、『放浪記』が大きく変わる。昭和56年、61歳での再演において、台本の潤色と演出に2年前に『おもろい女』再演を成功に導いた三木のり平が就く。

三木の大きな仕事は台本の改訂だ。三木は、尊敬する菊田の5時間に及ぶ初演台本を3時間半に凝縮した。新旧の台本を左右に見比べてどこを切ったのか、森にもわからないほど巧妙な作業だった。4時間や5時間かかった当時の商業演劇では、途中から見ても筋がわかるように、肝心な所は2度、3度と台詞が繰り返された。三木はその言葉を落とした。尾道の場面でも、芙美子が親にカフェーでの暮らしぶりを語るくだりや、元の恋人との思い出話がカットされた。また、それまでの展開と空気を変えるために、芙美子が独白する尾道の詩が場面の冒頭に移された。舞台セットには立体感を出した。菊田版は砂原での芝居だったが、三木は大きな堤防を置いた。恋人が去り、船着場に向かう。恋人を乗せた船が出る。この場面は客席側が海だ。堤防に立った森は、視線のやり方だけで恋人の存在を表現する。船に視線を向けたまま、堤防の階段を駆け下り、船を追いかけ、浜辺を走る。船が小さくなっていく。絶望。三木の演出が森の中の芙美子を引き出した。

木賃宿の立ち稽古で、三木が森に言った。

「森みっちゃん、でんぐり返し、1回でいい」「本当にいいんですか」「いい」。菊田が初演の時、「もっと、もっと回れ、もう1回」と指示した場面だ。芙美子の原稿が雑誌に取り上げられたことがわかった場面、木賃宿の仲間と喜びを爆発させる。森は「3回分を1回に凝縮して喜びを表せば及第なのだなと思い、助走を大きくつけるように工夫しました」。

この場面は、長らく『放浪記』名物となった。観客は、この場面を待つようになった。

「一つ所にいたくない。芝居を変えていきたい。つねに新鮮でいたいんです」

菊田亡き後、森は同じ台本だからこそ、新たな演技をしたかった。初演以来、絶妙な掛け合いを見せた浜も、大劇場で主演舞台を張っていて、スケジュールの空きはない。森は、ここで振り出しに戻ったとしても、新たな表現を求めたかった。

初演以来、固められた座組に初めてメスを入れたのは、制作スタッフの菅野悦晴と三木のり平の決断による。主演の森を恨んだ俳優もいただろう。同じ座組でのアンサンブルを優先する座長もいるが、森は芝居の鮮度を大切にした。

こうして、日夏京子役の奈良岡朋子ら新劇のメンバーが新たに加わった。菊田一夫にかつて「新劇の世界には奈良岡朋子がいる。何と裏表のない誠実な演技だったか。その一点において新劇がうらやましい」とまで言わしめたリアリズムの演技が持ち込まれた。

90歳を迎えた奈良岡が語った。

菊田の言葉に「当時とても面映ゆかったことを憶えています。私はただ宇野重吉さんに教わったこと、劇団で教わったことを大切にしているだけですから」。

森は少女の頃、映画の撮影所で「新劇が好きで、好きで、早く映画をやめて新劇に入りたい」とまで言っていた。森にとっても奈良岡の参加は念願であった。

「最初は三木のり平さんに声をかけていただいて参加しました。ただ続けようと思えたのは役者として森さんと舞台でご一緒するのがただただ楽しかったからです。その日の舞台に立った瞬間にわかりあえるというか、アイコンタクトもいらないんです。息というか、何というか、言葉ではなかなか表せないのですが、この感覚はそれまで一度も経験したことがなかったですね。袖から森さんの舞台を観ているだけでも嬉しかったですね」

奈良岡は新劇と商業演劇の違いを感じていたか。

「その日の舞台を一生懸命努めるということは変わりません。ただ客席は少し違いがあるかもしれませんね。団体のお客様が多いので、中には芝居に興味のない方もいらっしゃる。でもそういうお客様を振り向かせ、楽しんでいただくにはやはり役者の力が必要ですね。役者の妙味でもあると思います。そんなお話をした憶えがあります」

森はきっとこう思った。大きな客席に様々な観客がたくさん集い、それだけ制作費もかけられ、良い才能が集まれば、やり方次第で大きな熱気を呼ぶこともできる。商業演劇の世界に、演劇の良さを垣根なくすべて持ち込むのだ、と。

少女の頃からの憧れの新劇と相対して、森は奮い立って演じた。

勘三郎と鶴瓶に褒められた出演者

三木による潤色と演出、奈良岡らの登場で、誰もが『放浪記』は完成したと見た。

しかし森はそこで立ち止まらなかった。その後も日夏京子役は、いしだあゆみ、南風洋子、大空眞弓、有馬稲子、樫山文枝と多様な女優によって演じ継がれる。相手によって森の演技も変わる楽しさがあった。菊田一夫役の小鹿番、芙美子の作家仲間・村野やす子役の青木玲子ら初演以来のかけがえのないキャストは引き続きキープされたが、オールドメンバーの全てが演じ続けられたわけではない。向上しないとプロデューサーが判断した場合、新たな俳優にチャンスが与えられた。

そんな中、十八代目中村勘三郎（当時・勘九郎）と笑福亭鶴瓶が『放浪記』を観に来て、尾道の場面で芙美子の父親を演じていた名もなき俳優に眼を奪われた。終演して森の楽屋へ乗りこみ、勘三郎が「森さん、尾道のお父さんって誰？」、鶴瓶が「土地の人を連れてきたとしか思えない」と褒め称えた。森は当人を楽屋へ呼んだ。東宝現代劇のベテラン、佐藤富造だ。訳も分からず連れてこられた本人は緊張して直立したままだった。さらに後日、二人の連名で佐藤宛に花と差し入れも届いた。ちゃんと手紙書くのよ、と森に言われ、お礼状をしたためた。佐藤は亡くなるまで父親役を演じた。

長年演じてきた誠実さと、新たな風をあわせもった座組だからこそ、半世紀近く鮮度を保ったのだろう。

浜木綿子と黒柳徹子　日夏京子を追い求めて

2003年の公演では森の盟友、黒柳徹子が日夏京子を演じた。

「日夏京子はどんな人でなければいけないというのはないの。自由に演じて頂戴。好きなようにやって。私は全て受け止めるから」。森の勧めがあり、演じた。

「私の役は何人も代わっていたんだけど、前から見ていて、なんで日夏京子はモガっていってるのに着物を着ているんだろうって」

本郷の下宿で、芙美子の留守をいいことに、芙美子の恋人の伊達春彦と日夏京子が睦みあう場面。実は芙美子は押入れにいて、二人の会話を聞いている。やがて春彦が布団を出そうとして押入れを開け、気まずい雰囲気が流れる。

「着物を着た人がアパートの中に二人いてわからなくなっちゃうから、『なんで洋服着ないんだろう』って言ったら『そうだろう?』と演出ののり平さんが仰いました。私のときはもうのり平さんはいなかったんだけど、それで洋服にしたんです。〝モガ〟という設定ですから」

徹子は、煙草を吸いながら男に文句を言うところで、ト書きにはない演技を入れた。

「どんどん靴下脱いで、お布団敷いて、寝ましょうっていうふうにしたところに、森さんが押し入れから出てきました。森さんも『面白いわ』って乗って下さった。押入れにいてもわくわくしてくださったみたいです。森さんが『徹子ちゃんがそうやって変えてくれたら私も変われるかもしれない』って仰いました。そのとき私、２０００回もやる人が『変われるかもしれない』って、どういうことだろうと思いましたけど。ひっぱたく場面も、京子はお金持ちですから、沢村貞子さんからいただいた毛皮の狐のエリマキなんてしちゃってね。森さんが吹き飛ぶくらい叩きましたけど『それでいい』と仰いました」

黒柳は終幕の衣裳も凝らした。

「『あんた、ちっとも幸せじゃなかったのね』という、大事なセリフがあるじゃないですか。あそこだけはお金持ちらしく、着物を着たほうが良いと思いました。そしたら、どういうわけか庭の石の間に下駄が挟まっちゃって、石ごと動かしちゃったり。それから帯が重くて尻もちをついたり。『わざとだろう』なんて言われて、『わざわざ笑わせたりなんてしません』って。

足袋から下駄が離れなくなったこともありました。結局、下駄はいたまま縁側にあがっちゃって、その時は森さんずっと笑ってしまわれて。庭下駄ですからね。縁側にあがるときに、脱いだつもりだけど脱げなかった。最後の最後で笑わせてどうするっていう感じでしたけれどね。

尻もちをついた時は、森さんの『ぬはっ！』って笑い声が聞こえて、お客さんも笑っている。普通は怒るじゃないですか。でも、森さんは私のことを抱き止めて、ちゃんと『放浪記』のお芝居にして下さいました」

ハプニングの連続のように見えるが、徹子の日夏京子こそが、作者菊田一夫の望んだものだったと褒めたたえたのが、初演で演じた浜木綿子だ。

「浜さんがバーッて走ってらして、良かったわ、って。『本当はあなたの演技みたいな感じだと思うわ』と言ってくださいました」

菊田はどんな日夏京子を望んだのか。浜が語った。

「初演のとき、京子を憎まれ役だと捉えてしまったんですよ、よく読めばそうじゃない

京子「出さない？……二人で、雑誌……
　雑誌の名前も『ふたり』どう？」
芙美子「……『ふたり』……伊達の女房
　だった女がふたりでね。面白いね、出
　そうか」
上／浜木綿子（1961年）
中／奈良岡朋子（1981年）
下／黒柳徹子（2003年）
（提供／東宝演劇部）

んですけど。ですから、顔をバーンと叩くところも、きつく言うところも、すべて私らしくなく、抑えた演技にしてしまったのです。菊田先生には叱られましたね。京子という役は間違っていない。正しいと思って行動しているのだから、思い切りやれ、と。途中から森さんに『すいません、本当に引っぱたきます』って言ったら、『どうぞどうぞ』と。あのか細いか細い森さんを叩くのは気の毒のような気がしましたけど、先生が『それでいいんだ』と仰いました」

さらに菊田は「チャーミングに、ビビッドに」と指示をした。浜は長い髪を切って、おかっぱになり、演技も変えて、芙美子とのコントラストを高めた。

浜は、黒柳の京子が菊田の言ったチャーミングさだと理解したという。衣裳を凝らしたことも、初演の頃、自分が思い及ばなかったことだったと本人に伝えた。「菊田先生が生きていらしたら喜んでいたと思います」。

『放浪記』に新しい風を吹かせたら、菊田の求めた演技が得られたという話だ。

こうして森は、演劇を愛する人々を巻き込みながら『放浪記』を大きなものにしていった。

藤島メリー氏、東山紀之との友情

『放浪記』をロングランの演劇として軌道に乗せた森は、少年隊の東山紀之と出会う。1986年のNHK紅白歌合戦に少年隊が『仮面舞踏会』で初出場した折に、審査員を務めた森が、「東山さん、踊りがお上手ですね。いつも見ています」と声を掛けた。「三人組のアイドルの、背の高い一人みたいな感じの僕を、森さんが見つけてくださいました」

森は即座に旧知のテレビプロデューサーの石井ふく子氏や森繁久彌に東山を紹介する。「時代劇のできる若者を見つけました」と。森はテレビドラマの座組に東山を加え、出会ってから8年後、機が熟したと告げるように、石井氏は、橋田壽賀子氏の脚本による舞台『御いのち』を企画、演出した。足を悪くした踊りの師匠と、人生に絶望した若侍が共に自殺しようとして、橋の上で出会う。石井氏は、二人の心の通い合いを、幻想的に演出した。森は、東山を心強く導きながらも、自身が脇にも回り東山の魅力を引き出した。

「僕も50過ぎてから考えるんですけど、血の繋がっていない人間に対して、それだけの愛情を果たして注げるのかな、と考えた時になかなか難しいことだと思うんですね」

家族を喪った時も、戦争が光を奪った時も、病を得た時も、なかなかチャンスに巡り合えなかった森が、自身の若い頃を見るように、東山を見つけ、光の当たるところへ押し出した。

東山が所属する、ジャニーズ事務所現会長の藤島メリー氏との友情も芽生える。切れ味は鋭いが、愛情深いメリー氏のことが森は好きだった。看板を背負った女優同士なら秘密にするような心の内も、メリー氏になら明かすことができた。多忙な合間のプライベートも共にするようになる。アメリカのショービジネスに通じるメリー氏の誘いで、ニューヨークやラスベガスに赴き、本場のミュージカルやショーの新たな世界を知る。そして、自身の演技に華やかさを纏うようになった。

紀伊國屋ホール、六本木にあった自由劇場などの小劇場に通い、労を惜しまず新たな刺激を求めた。森は、見たこと、聞いたこと、身の回りで起きることを、自分の血や肉とする名人だった。「悔しいというのでしょうか、今の若い人の中にも、すごい方が何人もいらっしゃるんですよ。だから、いつの間にか追い抜かれるみたいで、負けてはいられないということもございます。こういう時には、勝気な私が顔を出します」。

気鋭の演出家栗山民也氏とも出会う。ユダヤ人への迫害を描いた栗山氏の初期の代表作『GHETTO／ゲットー』（1996年）も、森はメリー氏と共に観た。90年代半ばから、『放浪記』『おもろい女』といったロングラン作品と両輪で、毎年かならず一本は、栗山氏ら新しいスタッフと新作舞台に取り組むようになる。

当時40代を迎えたばかりの栗山氏は、森にダメ出しをする。ダメ出しは公演が始まった後も続いた。森は、周りに喜びの表情で言った。「今日ね、ダメ出しされちゃったのよ」。それまで、森にそんな演出家はいなかった。

「何度も繰り返し稽古をする森さんは、そのたびに少しずつ役の印象を変え、その輪郭を深く細かに彫り続けていきます。それも、自分の役だけを見つめているのでは決してなく、むしろ目の前に複数の対話者の言葉や動きの変化を敏感に捉え、いつも柔らかく自由に、それぞれの出方に対し、鋭く確かな感情で受け止めていきます。初日の舞台を迎えてからは、袖からサッと着物の裾を蹴飛ばすようにはつらつと登場しながら、まるで初めての物語に出会ったかのように、ひとつひとつの瞬間に生まれる新たな好奇心と溢れる想像力でその劇世界としっかり向き合い、鮮やかにその風景のなかにすっと立ち続けるのです」

東山を森の相手役に起用した舞台の多くも、栗山氏が演出を担うようになる。東山が森の恋人と息子を二役で演じ(『春は爛漫』)、二人して詐欺師に扮する(『花も嵐も』)など、若くオーラのある相手役を得て、森の演じる役の幅が豊かになり、商業演劇の観客を喜ばせた。

新劇の世界へ

『放浪記』や『おもろい女』と新作舞台を両輪に取り組んだ森と伴走し続けた、東宝演劇部のプロデューサー岡本義次氏が振り返る。帝劇に新しい風を吹き込んだ『近松心中物語』の初演の折、岡本氏は蜷川幸雄氏の一番弟子として現場を率いた。やがて若くして、森の作品のプロデューサーに就く。岡本氏は、栗山氏ら若きクリエイティブ・チームと共に、音楽劇など従来の商業演劇にはなかったテイストで、森の新作を企画する。『おもろい女』などのロングラン作品にも段田安則ら初顔合わせのキャスティングを推進して、森を大いに奮起させた。「森さんは若い人に関心があるというか、常にアンテナを張って、時代の風を常に感じていたいという人でした。演劇に関しても、自分自身が変わるっていうことが必要だとしたら、自在な感じにいかようにでもやってほしい、自分を料理してほしいというのがあったからだと思います」

そして森はさらに自在に、商業演劇の枠から抜け出て、新劇といえる世界にも分け入っていく。

1997年の『紙屋町さくらホテル』は、新国立劇場のこけら落とし作品として、井上ひさしが書き下ろし、戦後初の女性舞台演出家として知られる劇場の初代演劇部門芸術監督、渡辺浩子氏が演出を担当した。共演者のほとんどは劇団民藝の大滝秀治ら初顔合わせの面々だった。演じたのは、第二次世界大戦下の広島でホテルを営む日系二世の女性。ホテルの宿泊客には、広島で被爆した移動劇団「さくら隊」が登場する。軍人や特高刑事も一緒になって、ホテルに居合わせた皆で芝居作りをして心を通い合わせ、昭和20年8月6日を迎える――。演劇の本質を問いかけ、平和の希求をうたい上げる。森が心から待ち望んでいた演劇だった。

続いて2002年、新国立劇場の小劇場にて、チェーホフの『櫻の園』に主演した。演出は栗山民也氏。今回は作品の普遍的な魅力を際立たせるためという意図で、物語の舞台が明治時代の信州の地に置き換えられた。森はラネーフスカヤ夫人をもじった茅野麗子を持ち前の台詞のキレで演じきった。

森は商業演劇とあらゆる演劇の垣根を取り払う働きかけをした。ジャニーズの岡本健一、段田安則、高畑淳子、渡辺えり、キムラ緑子、浅野和之、米倉涼子、仲間由紀恵、井上芳雄……今の演劇界を牽引する俳優たちを商業演劇の舞台に押し上げ、さらに、新しい人から得た感覚を、自身の舞台に持ち帰った。

十八代目中村勘三郎（当時・勘九郎）の『コクーン歌舞伎』（1994年〜）が演劇ファンの耳目を集めていたものの、まだ演劇が、商業演劇、アングラ、新劇、新派、歌舞伎とカテゴライズされていた時代の話だ。

念願だったショー

1996年に森にとって初めてのディナー・ショー「森 光子 Special Dinner Show」が2日間にわたり新高輪プリンスホテル・飛天の間で行われた。

森のために藤島メリー氏の弟であり、ジャニーズ事務所社長のジャニー喜多川氏が、ラスベガスのワンマンショーさながらに構成・演出を施し、メリー氏がプロデュース面の一切を請け負った。二人は、女優の森をほんのひと時、かつての歌手の姿に戻した。「50年くらい前に歌で食べていたことがございます。今日のお客様はお箸で食べていらっしゃいますね」。森のジョークに場内が爆笑に包まれた。終戦から半世紀が経っていた。指揮・編曲の萩田光雄氏ら一流のミュージシャン20名以上のバンドを従えて、森の戦中戦後の変転をたどるように「サウス・オブ・ザ・ボーダー」「アリラン」「ラササヤン」のメドレーも歌った。前年の秋に発売された森にとって初めてのCDアルバム

『Mitsuko Mori』にも収められた『天城越え』や『君恋し』といった愛唱歌、秋元康氏、荒木とよひさ氏、竹内まりやによる書き下ろし曲を18曲歌唱した。近藤真彦、東山紀之らジャニーズのメンバーが総出演で華やかに盛り上げ、ショーを演じたいという森の長年の夢は叶った。

当時13歳の滝沢秀明は、ジャニーズ事務所に入ったばかりだったが、ジャニー氏の指示で、同期の今井翼と一緒に「マッチ売りの少年」として森と同じ舞台に立った。寒さにこごえる孤児の二人は、森からもらった蠟燭で暖をとり、舞台袖へとはけていく。寒さの演技ではなく、緊張で震えこわばっていたという。

幕切れでは、森は女優として登場する。かつて演じた吉本興業の創始者である吉本せい最晩年のセリフを演じた。ジャニー氏の求めによるものだった。

「いつのまにやら、わての周りにはだぁれもおらんようになってしもうた。みんな、わて残してどこぞへ隠れてしもうたんちゃうか。逢いたいなぁ……。（略）わてが生涯かけて残したもんは上方のちぃちゃいお笑いだけでした。せやけどなぁ、なんぼちぃちょうてもこの灯りだけは絶対に消ぇさんように、わての命ある限り灯し続けていきます」

（矢野誠一作『桜月記』より）

ジャニー氏は孤独なせいの姿に森を重ねつつも、その影を明るく吹き飛ばすようにゴージャスに演出し、森もそれに応えて演じた。

「可愛らしくて、もちろん大人で、そしてセクシーで、いつもとはひと味違うタケヤみそ」と場内を沸かせた近藤真彦は最後に森へ感謝を捧げた。

「同じ道を歩む者にとって、このステージは生涯忘れることのできないステージになったと思います。森さんは僕たちにとって大切な宝物です」

新作舞台の出演中に、文化勲章を受章

森と東山の最後の共演舞台では、また新たな人が商業演劇の輪に加わった。

ある時、山下達郎・竹内まりや夫妻が「月とタンゴが好き」との森の言葉に触発され、『月夜のタンゴ』という楽曲を作り（作詞：竹内　作曲：山下）、森にプレゼントした。

この曲を耳にした藤島メリー氏は、親友である作家・伊集院静氏に、森と東山にあて

た小説の書き下ろしを依頼する。伊集院氏の小説『ツキコの月』、山下・竹内の楽曲をもとにした新作舞台が、『ツキコの月　そして、タンゴ』（2005年　演出：栗山民也）である。サブタイトルは森がつけた。大量の移民が押し寄せているアルゼンチンのブエノスアイレス、日本人移民の父親と娘の賀集ツキコ、そして弟が暮らしていた。ある晩、満月の下、親子でタンゴを踊る父とツキコ。「僕が大きくなったら、お姉さんとタンゴを踊りたい……」と、弟が二人を見ている。父は娘に「この月のように輝く女性になって、その輝きを誰かに与えておくれ」と囁きかける。やがて、幼いきょうだいは、海を渡り、神戸に辿り着く。そこで、生まれて初めて見た芝居に、ツキコは心を奪われて、単身で東京に向かう。一方、弟は、ダンサーになる決心をし、東京にいる姉ツキコの後を追うように上京する。

アルゼンチンタンゴ。虐げられてきた人達の表に出せない感情を心で、体の動きで表現するタンゴの激しさ、本場アルゼンチンの二人のタンゴダンサーが登場して、物狂おしく踊った。共演者には石田純一、野村昭子らが連なった。商業演劇に初めて取り組んだ石田は、千穐楽がはねた後、その緊張からの解放で森に縋って泣いた。森はその純真さに好感を抱いて、その後も舞台やバラエティで共演した。

東山は、角川文庫『ツキコの月』の解説「闇を照らす月光のように、けなげに美しい人々の物語」に記している。「その全貌が見えてくるまで、みんなが張り詰めた気持ちで待っていました。しかし、そのような状況にあっても、森さんは見事に大勢のスタッフの思いを背負い、みんなの心をまとめ上げてくださいました。そのことに加えて、森さんご自身は、驚くほど短い時間の中でツキコという女性の人生を深く掘りさげ、一気に自分のものにしてしまわれた」。

東山は、稽古で、森が舞台の上で震えていたのを鮮明に覚えている。「大きな舞台にのぞむ前の武者振るいと共に、ツキコの業の重さを全身で感じている震え。そして、その震えはやがて、我々共演者やスタッフにも、期せずして伝わっていきました。（略）『ツキコの月』という作品は、ツキコという女性を通して、伊集院静という一人の作家が森光子さんという女優に、さらには、〝女優〟という存在の本質そのものに迫ったものだと僕は思います。人間が人間を知り、それを表現するというのは、じつはものすごく辛《つら》く、哀しい作業です。自分自身の人生とは別に、さまざまな人間の人生を背負いながら、演じていかなければならない。しかもその場合、死ぬ覚悟よりも、生きていく覚悟のほうが、よほど辛い。だとすれば、自分一人のもののみならず、さまざまな人間の人生観と業を背負っていく覚悟というのは、余人の想像を絶するものではないでしょうか。『十字架を背負って生きる』という言葉がありますが、女優の人生も、まさに、そのような〝修業〟に近い。だから、この世にたくさんの職業がある中でも、精神的にいちばんきついのは女優ではないかと、僕はこの作品を通して思うようになりました」

ラストシーンで『月夜のタンゴ』が流れる中、大きな満月を背景に二人はタンゴを踊った。

公演中に、文化勲章受章の知らせがもたらされ、その日のカーテンコールで東山に抱かれた森が宙を舞った。帝劇と翌月の名古屋・中日劇場公演の間に、文化勲章の親授式が執り行われ、メリー氏がこの日のために用意したボルドー色の車で森は皇居へ赴いた。苦悩しながら演じた新作舞台の最中に讃えられたことが、森にとって何よりの喜びであったという。

東山紀之と
上／『御いのち』（1994年）
下／『ツキコの月　そして、タンゴ』（2005年）
（提供／東宝演劇部）

中村屋三代にわたる夢の共演

森にとって念願の舞台がもう一本あった。

テレビドラマ『時間ですよ』初回や『人情話　文七元結　師走の川風』、東京宝塚劇場での舞台『常磐津林中』（1972年）などで夫婦を演じ、帝劇や歌舞伎座でも共演した十七代目中村勘三郎は森の盟友の一人だ。その死も看取った森は「最後のガールフレンド」と言われた。

十七代目の家で麻雀をしたある夜、天井からドンドンと音がする。森が何事かと尋ねると、十七代目は素っ気ない。「哲明（当時・五代目勘九郎）ですよ」「すごい、えらいですね」「何が、こんな夜中までやって」。深夜まで熱心に踊りの稽古に励む息子に対して、父親がライバルに似た気持ちを抱いている。その親子の在り様に、森は深い感慨を覚えたという。十七代目の死後、勘九郎がプロデュースした「コクーン歌舞伎」は、歌舞伎本来の熱気を勘九郎ならではの方法で表現し、演劇ファンが快哉を叫びつつも、一

『ツキコの月』公演中に文化勲章受章が発表されて

部の保守的な劇評家からの今となっては的外れな批判に遇い、勘九郎も徹底抗戦を敷くなど話題になっていた。森は勘九郎の挑戦を心から喜び、毎回シアターコクーンに通っていた。またフジテレビで放送される中村屋のドキュメンタリー番組にナレーションをつけて、孤軍奮闘する勘九郎にエールを送った。森は、親子二代にわたっての共演を願っていた。

2005年に勘九郎は十八代目中村勘三郎を襲名する。襲名披露公演で全国津々浦々回ったうえでの2007年10月、「錦秋演舞場祭り　中村勘三郎奮闘」で、勘三郎は森の夢を形にした。夜の部を「森光子・中村勘三郎特別公演」と題して新作『寝坊な豆腐屋』（作・鈴木聡）を上演した。演出には勘三郎とは初顔合わせとなった栗山民也氏を森自らが推薦した。森は米倉斉加年ら『放浪記』の信頼するメンバーを演舞場へ連れていき、十八代目勘三郎は一門で出迎えた。勘三郎の姉、波乃久里子も座組に加わった。

東京オリンピック前夜、腕はいいが寝坊癖のある豆腐職人が勘三郎。勘三郎が幼い頃に家を飛び出した母の役が森。金貸し業で財をなした母が、久しぶりに町に舞い戻る。母は息子を苦しめる地上げ屋に融資をしていて、息子は再び裏切られた思いがする。母も自身の稼業に嫌気がさし故郷へ帰ろうとするが、その時息子は――。

稽古場で「森先生」と居ずまいを正す勘三郎が、役の上では「ババア」と呼んでくれることを、森はことのほか喜んだ。

勘三郎の息子、勘太郎（現・六代目勘九郎）は、前月に舞踊公演を抱えており、稽古時間が取れないため配役されていなかったが、中村勘三郎の好江夫人のはからいで、急遽一場だけ出演することになった。豆腐屋に毎朝通う新聞配達の役で、森や勘三郎とのセリフともアドリブともつかぬ温かいやりとりに客席が沸いた。三代との共演は森も夢想だにしなかった。幕切れは、母をおぶった勘三郎が泣きの芝居で花道を駆け抜ける。千穐楽のカーテンコールで、森は天に向かって叫んだ。「お父さまー、あなたの息子は立派ですよー」。勘三郎は客席に背を向けむせび泣いた。その後、博多座での上演も計画されていたが、二人の病気で叶わなかった。またとない商業演劇となった。

「一九六〇年代末の政治の季節、アングラ・サブカルチャーにどっぷり漬かって青春を過ごした私には、商業演劇に対する抜きがたい偏見がありました。そうした浅薄な価値観を払拭《ふっしょく》し、商業演劇の奥深さに触れることができたのは、ひとえに森さんのお芝居

に出会えたおかげです」(『女優　森光子　大正・昭和・平成　八十八年　激動の軌跡』〈集英社〉)

シンガーソングライターの山下達郎が『放浪記』2000回を前に、森に贈ったメッセージ(一部)である。

若い頃からたった一人で走り続けてきた森は60歳を過ぎて、新しい人を知り、新しい人は森を知った。夫や子供はいなかったが、家族のような仲間が出来た。

森のいる商業演劇の世界が、高き山の緑の裾野のように広がっていった。

第四章

『放浪記』２０００回、偉業達成を追う

楽屋の賑わい。舞台の家族たち

森は岡本愛彦との離婚後、永福町に家を建て、妹一家を関西から呼び寄せた。その後、三田・伊皿子坂のマンションを仕事場として借りて、やがて一人で移っていった。

「東京タワーが見える場所に住みたい」。そんな森の願いを叶えたのは『時間ですよ』で共演していた樹木希林だ。不動産を探す才覚のある樹木は、昭和49年に森を元麻布のあるマンションに案内した。高台に建ち、大きな窓からは東京タワーが足元まで見えた。

「森さん、前が学校だから。絶対に高い建物はできないわよ。パノラマみたいな景色がずっと見られるからね」

樹木の見立てが正解で、森は亡くなるまでこのマンションで大好きな東京タワーの夜景を楽しみながら静かな生活を送った。お手伝いさんは通いで日曜は休ませた。来客もめったにない。90歳を迎える頃まで、卵かけご飯やすき焼きなど簡単な食事は自ら作った。

仕事場の喧騒とは対照的だった。

森の楽屋は朝から戦場のようだった。時代時代の若い俳優たち――左とん平、井上順、松山英太郎らが何も食べずに楽屋入りして「母さん、何か食べ物ない？」と急襲する。

いつしか森の楽屋には、開演2時間前に出演者が集まるようになり、コーヒーや軽食を楽しむ「お茶会」が催された。芝居の話はせず、話題はもっぱらスポーツ、経済、三面記事。さんざんしゃべり、笑いあった。みんなが個人的な悩みを抱えていたら、芝居に影響がある。『3時のあなた』よろしく森は聞き役に回り、突っ込みやフォローの言葉を絶妙の間合いではさんだ。この時間は、発声練習や共演者の健康チェックにもなった。

芝居を見に来るゲストも加わり華を添えた。山下達郎や、メジャーリーガーの野茂英雄氏も公演のたびに顔を出し、出演者と打ち解けた。

「舞台の前まで森さんのご機嫌をとらなきゃいけないの？」。ひねくれた出演者もいつのまにか率先して参加する。

先にメイクを仕上げた黒柳徹子が途中から入ってくると、『徹子の部屋』が始まる。皆がその話芸に引き込まれた。徹子が相手だと、森の突っ込みは冴えに冴える。東山紀之はウォーミングアップのために3時間以上前に入り汗を流し、お茶会にも一番乗りで姿を見せた。

開演前が忙しいスタッフとは、舞台がはねてから付き合う。ひと月に1、2回、スタッフの部屋でのすき焼き会が催された。森が肉を用意し、スタッフたちはネギや豆腐などを調達する。共演者は入らず、森とスタッフだけで共にした。

そんな「家族」づきあいで、森は『放浪記』の舞台を重ねていく。

一歩、一歩、大いなる旅路

『放浪記』を何度も観る客がいる。森光子自身も、ふと、不思議に感じることがあったらしい。「お客様に、『どうして何回も御覧いただけるのですか?』とうかがっても、『わかんない』『なんか来てしまうの』と仰います」。

演じる方は飽きないのか。そんなことはなかった。舞台の真髄は、繰り返し、何回もできることだ。役者がいい芝居ができた時に言う言葉、「今日は、役に生きられた」。森光子を軸に、持続するエネルギーは、２０００回公演を達成する。途方もない偉業だ。また、それを成立させた観客がいた。公演１回の観客が平均１０００人と低く見積もっても、合計２００万人が『放浪記』を見て、笑い、涙した。ある時代、森の『放浪記』は、日本の一風景として、現代史の中に、花を咲かせていた。

その一歩一歩を実感したいと、初演から２０００回までの公演の軌跡をまとめてみた。

昭和36年（１９６１年）　41歳　10・20〜12・28　芸術座
昭和37年（１９６２年）　42歳　１・２〜１・15　名鉄ホール
２・２〜２・25　梅田コマ劇場
３・１〜５・27　芸術座
昭和46年（１９７１年）　51歳　３・２〜５・27　芸術座
昭和48年（１９７３年）　菊田一夫逝去（４月）

昭和49年（1974年） 53歳 3・5～4・28 芸術座
昭和56年（1981年） 61歳 8・25～10・28 芸術座
＊三木のり平が潤色・演出を手掛ける
＊8・26 500回公演
昭和58年（1983年） 63歳 9・2～12・26 芸術座
昭和61年（1986年） 66歳 6・2～6・28 中日劇場
昭和62年（1987年） 67歳 11・1～12・27 芸術座
昭和63年（1988年） 67歳 1・2～2・28 芸術座
平成元年（1989年） 68歳 4・2～4・30 梅田コマ劇場
平成2年（1990年） 70歳 9・1～12・27 芸術座
＊9・26 1000回公演
平成4年（1992年） 72歳 6・2～6・7 北海道厚生年金会館
6・10～6・11 岩手県民会館
6・13～6・14 秋田県民会館

6・17〜6・18　山形県民会館
6・20〜6・21　福島県厚生年金会館
6・23〜6・28　宮城県民会館
平成6年（1994年）74歳
10・2〜10・3　鹿児島文化センター
10・6〜10・8　熊本市民会館
10・10〜10・11　愛媛県民文化会館
10・15〜10・16　岡山シンフォニーホール
10・19〜10・24　広島厚生年金会館
10・27〜10・29　京都南座
11・3〜12・28　芸術座
＊11・23　1200回公演
平成8年（1996年）76歳
9・1〜12・28　芸術座
＊10・11　1300回公演
平成11年（1999年）79歳
9・1〜12・28　芸術座

＊9・8　1400回公演　＊12・17　1500回公演
＊三木のり平逝去（1月）
平成14年（2002年）　81歳　3・3〜4・30　芸術座
平成15年（2003年）　83歳　8・29〜9・25　博多座
＊9・21　1600回公演
11・1〜12・28　芸術座
平成16年（2004年）　83歳　1・29〜2・25　梅田コマ劇場
3・2〜3・29　中日劇場
平成17年（2005年）　84歳　3・4〜3・27　芸術座
＊3・3　1700回公演
4・2〜4・28　博多座
5・2〜5・4　富山オーバードホール
平成18年（2006年）　86歳　9・1〜9・28　帝国劇場
10・4〜10・31　中日劇場

＊９・４　１８００回公演

平成20年（２００８年）87歳　１・７〜３・30　シアタークリエ

＊２・23　１９００回公演

４・24〜４・27　富山オーバードホール

５・２〜５・28　博多座

10・23〜11・４　大阪フェスティバルホール

11・９〜12・５　中日劇場　１９９５回公演

この目の眩むような、２０００回に向けての階段を、一歩、一歩ずつ上ったのだ。私が、森と『放浪記』を追い始めたのは平成17年（２００４年）、１７００回を過ぎた頃だ。２０００回まで、あと３００回を切っていた。芸術座は、平成17年（２００５年）の3月、『放浪記』の千穐楽公演、１７５９回を最後に建物の老朽化による建て替えのため、閉場することになっていた。この時期に、世界や日本の激動を追っていた報道畑の私は、大女優の姿を舞台だけでなく、ドキュメンタリーの映像に記録し永遠に残したいと取材を始め、『放浪記』公演の社会的な重大さに気が付いたのである。

『放浪記』は歴史の山脈を乗り越えて、今に至っていた。戦後復興、高度経済成長、バブル崩壊、終身雇用制の終焉、IT革命、リストラ、派遣切り、自殺、離婚、生活保護受給者の急増……。だが、貧しさの中で夢を追いかけ、人と人の情愛を明るく描いた『放浪記』の上演回数は、むしろ増えていた。

私は、最初に、NHKスペシャル『森光子「放浪記」大いなる旅路』を平成17年（2005年）5月22日に放送したが、それでは終わらなかった。2000回への階段の歩みをみつめる目撃者となっていったのである。

博多座にて88歳を迎える

夜は、博多屈指のネオン街となる中洲・川端の一角にある博多座は、地下鉄の駅の上に建つビルの中にある。平成20年（2008年）の5月公演の初日の朝、森光子は、付け人とともに、ホテルの前の道を歩き、出会った人々に会釈をしながら、楽屋口に向かう。今日もお茶会が始まる。森が中央に座り、周囲に米倉斉加年、山本學、斎藤晴彦、山本陽子、有森也実ら共演者が体を寄せ合う。

森はまだ、舞台衣裳も着ず、カツラもつけていない。鏡前に座り座員の顔を見ている。

これから30回後には２０００回を迎える。この年には年間で１３７公演とこれまでよりも多いスケジュールが組まれていた。にこやかな談笑の裏には、森の体調を気遣う共演者たちの心配が隠されている。はや、88歳だ。この1年前、森の安全を考慮して、でんぐり返しはとりやめにし、万歳をすることに変更されていた。

「正直申しまして、二重丸の健康ではございませんでしたし、私は着物ででんぐり返しをするものですから。帯がありますす……無理をしておりましたんですね、少しは、そこに痛みを感じるようなこともあったりしたので、でんぐり返しなしって言われたときは、内心ほっとしておりました」

記者会見で珍しいことを口にした。

「この『放浪記』をいつまでやるのか、どこかで他の方に譲るのか、抱いたまま死んじゃうのか、ジョークですけれども、よぎることがありますね」

森光子は、大丈夫か

博多座では、森の楽屋のすぐ前が舞台袖だ。音楽が始まり、森の声が流れる。「花のいのちはみじかくて……」、芝居が始まる。足元が暗い中、森はスタッフに手を引かれ、セットの裏に立ち、すっと前に出ていった。その後ろ姿の向こうに、まぶしい照明が降り注いだ。拍手が起きた。「ただいま！」という最初の台詞、森は、大和館のセットの真ん中に立った。こうして、博多座の初日が始まった。そして、あっという間に1週間がすぎた。

博多座の休日の5月14日には、一座あげて福岡ドームへ、ソフトバンク対西武戦の応援に行くことになった。森の友人である王貞治ソフトバンク会長の招待によるものだ。ドーム球場の大きな特別観覧室が用意され、部屋では食事ができ、窓を出ればベランダ、下にグラウンドが広がり、試合が一望できる。一座の皆は、部屋で飲食をし、外に出て野球を見る、また部屋に戻り飲み物を飲む、贅沢を満喫していた。一方、森は野球に熱中した。「王様、命」という札を持って、声援を続ける。私は、ＮＨＫの野球中継の担当に連絡し、「森さんが、スコアボード近くで応援しているよ」と伝えた。しばらくすると、「王様、命」のプラカードを掲げる森が大写しになり、全国に流れる。そして、その映像が球場の大型画面にも映し出され、それに気づいたファンがどっと沸き、応援気分は、最高潮となった。

10月23日から11月4日は、大阪フェスティバルホールでの公演だった。私はこの時期、東京を離れることはできなかった。次の11月9日から12月5日、名古屋での中日劇場公演を撮影する予定だった。大阪から始まった異変に、気がつかなかったのだ。この間に森は、風邪を引き、体力が落ちた。演出の北村文典は、台詞にキレのない森を初めてみた。共演者の山本學は「商業演劇を途中でやめるっていうことはあるのかな」とさえ思ったという。

黒柳徹子の後悔

「あの時、森さんはぎりぎりだった」

２００８年11月初旬、黒柳徹子は自身の舞台『ローズのジレンマ』出演のために滞在していた大阪で、フェスティバルホールの『放浪記』を観劇した。森の体調を案じてのことだった。

「セリフを出す声がね、吐きだす息でセリフを言っているみたいな風でしたね。普通セリフは押し出しているものじゃないですか。それで、ああ、どうなのかなと思いましたけど。森さんだからやるだろうとは思ったけど、長丁場ですものね」

森の宿泊するホテルでルームサービスの夕食を共にした。

「森さんがふと『すごく寂しいわ』って仰ったの。それでも私、森さんは強い人だと思ってたから、もう少しお話なんかして『それじゃ私帰りますね』って、自分のホテルに帰ろうとして廊下に出た。すると、森さんがわざわざドアのところまで来て『さようなら』って。

いまだに思うのよ。どうして私あの時泊まってあげなかったのかと……。ベッドでもなんでも持ってきてもらって、一緒の部屋で寝ればよかったと思うんです。私も自分の公演があるからと思ったのか何を思ったのかわからないけれど『じゃあ行きますね』って。森さんはすごく長いこと廊下を歩いている私を『さようなら、さようなら』ってドアのとこで見送ってくれた。いまだに後悔です。後々に考えてみると、森さんはね、あの時耐えられないぐらいの孤独だったように思うの。顔は笑ってたけど……。あんな森さん見たことないわね。寂しそうだった」

針のむしろ

11月9日から12月5日は、中日劇場だった。公演初日は、１９７２回を数えた。私は、あと28回と数えながら、劇場に向かった。ここで、驚くべきことを目撃する。森は、世田谷の場面で、座って演技していたが、ころっと、後ろに倒れた。山本學が、さりげなく支え、元に戻した。森は何喰わぬ顔で演技を続けた。私は、ゾーッとした。「森光子は、大丈夫か」。名古屋公演は24回、12月5日の千穐楽で１９９５回に到達する。２０００回まであと5回だ。森の挑戦に心から共感するようになっていた私は、『放浪記』２０００回記念特集」を企画し、ＮＨＫは、２０００回達成の夜、ゴールデンアワーに森光子をＮＨＫのスタジオに招き、生放送で快挙を伝えることを決めていた。この記念すべき日、東宝は、帝国ホテルで、関係者を招いて祝賀会を開催する方向で検討していた。森は、全国の皆さんが共に喜んでいただける方がうれしいと、テレビを選んだのだった。企画は採択され、五月連休明けの目玉番組として局内の注目も高まってきた。

森の不調を伝える報道があるたびに、「森光子は大丈夫か」と何度も聞かれた。私は、不調の報道を何度も否定した。

名古屋公演の千穐楽、森はカメラの前で、こう語った。

「芝居というものは生のものですし、それを振り返るというのは難しいですけれど、やり直しがきかないということです。だから、そのたびに、本当にぞっとするような思いをしたりしています。針のむしろ、何か細いものの上を危ない脚で立ってきたと思いますね」。森の言葉にキレがなく、目の強い光が失われていた。

そして、平成21年（２００９年）のＮＨＫの新年のインタビューで、こう語った。

「身を引く時って、必ずあるわけですから、それはずっと考えてきたんですけどね。まだ今のところ、では、私はこれでって、申し上げる勇気がないの。まだ完成していないからとか、何とか言っていますけれどもね、未練ですね」

初めて、胸の内を明かした。

帝劇の稽古場で、主役がよみがえった

旅から東京に戻った。正月から3月いっぱい他の仕事は控え、4月の舞台稽古と5月の本番に向けた準備に集中した。でも、ほとんどの役者とスタッフは、この間の森を見ていなかった。「森さんは、大丈夫か」と、気遣う状態が続いた。

4月に入り帝劇の稽古場に出演者とスタッフが全員顔を揃えた。森は楽屋浴衣で、稽

古の開始を待っている。中央に、木を組んだだけの四角い枠が置いてある。第一場の大和館の入り口を想定している。立ち稽古が始まる。森が入り口を入る。「ただいま！」、森は声の高さを上げていた。元気な主役が戻ってきたのだ。見守っていた役者達は目をまるめ、スタッフは一様に安堵していた。

山本學、「最初に『ただいま！』って、その声をきいただけで、僕、涙がバァーって出ちゃったんですよ。やっぱり、お年ですし、大丈夫かなと思っていたら、全然、別人になって」。

森は、医師団の支えもあって、体調を整えることに成功していた。

森、「いつもは、第一声のキーを自分で決めておりましたんですけれど、少しこれを上げました。そのあとを計算しますとキーをあげた方が良い気がして、2000回の始まる半年くらい前から考えておりました」。

元気な主役が戻ってくる。「ただいま！」のセリフで、出演者、スタッフが抱えていた不安が吹き飛んだ。奇跡が起きた、座員が驚いた帝劇での稽古、セリフも演技も弾んでいる。森は言った。「私、自分の声に勇気をもらいました」。

稽古場にて（2009年４月）

芝居がみちがえるように、精彩を放ってくる。森を軸に、役者全員の演技が、生き生きとしてきた。

晩年の林芙美子の家をたずねる菊田一夫役の斎藤晴彦は、「声の、いわゆるトーンがもともと出せる方でしょ。それが戻ってきましたね。女の一生、一代記を声で作ってらっしゃるんですよね。最初の声と最後の声があんなに違うということね」。

最初の大和館の下宿に帰ってきた時の高い声、「ただいま!」、最後の大詰め近く、夫が執筆をやめて休むことをすすめる場面では低い声、「うん、いま寝る。大丈夫……」、机につっぷして、「こうやってるとね、疲れがとれるんだよ」。

2000回目の『放浪記』を迎える

帝劇には、番組に出演する王貞治氏、萩本欽一、黒柳徹子が2000回の舞台を見て、生放送で、感想を語り合うことになっていた。王氏は森を尊敬していたが、これまで芝居を観たことは一度もないというのだ。幼い頃から野球に熱中し、目が悪くなるから、暗いところで映画は見ないし、芝居も観ないのだと言う。動体視力が落ちるからだ。私は東京でご本人に直接観劇をお願いし、演出の意図を説明して、やりましょうという返事をもらった。萩本欽一は即答してくれないので心配した。「そんな大それた番組、恐ろしくて出られない」と言った。黒柳は誰よりも森の身近にいた女優だ。公演を終えた森をさりげなくサポートしてくれる。私がＮＨＫの大きな番組を企画するたびに、お世話になっていた。番組進行の骨格を良く理解して、うまくやってくれるはずだ。司会は、三宅民夫アナウンサー、森自身も『3時のあなた』で生放送のプロ、これだけの顔ぶれで、心配することは何もない。

森は、10時半、帝劇に到着、明るいベージュのジョルジオ・アルマーニのツーピースを着てあらわれた。

今朝の森光子帝劇入りの表情、そして、記念番組出演者の帝劇到着風景とインタビューと２０００回公演の観劇風景を撮影する。帝劇前に並ぶ女性の観客がインタビューにこたえて、「かつて、満州で森光子さんを見たことがあります」と言った。

私は公演の開始を見届けて、ＮＨＫに戻りスタジオの準備作業に立ち会った。帝劇で撮影した映像が数回にわけて運び込まれてきた。編集作業が行われる。あっという間に日が暮れて、公演を終えた森が着物姿でＮＨＫへ入った。

生放送、「おめでとう　森光子さん」

番組のオープニングは、帝劇の舞台へ、森が出て行く瞬間の映像。出を待つ森を42人の出演者が2列に並んで送り出す。東山紀之がエスコートしている。笑顔の森は、「こんなこと初めて！」と言い、投げキッスをしながら舞台へ向かう。

生放送のスタジオにできた尾道のセットに、三宅アナの隣に森光子、王貞治氏、黒柳徹子、萩本欽一の順番に座る。『放浪記』のテーマ曲に乗せて、森が王氏と手をつないで登場した。番組は、今日の２０００回公演を観た感想から始まった。

王「どんどん舞台に引きこまれました」。黒柳が「若々しい舞台でした」というと、森は微笑んだ。

２本目に紹介した映像は、博多座での野球の応援風景、試合前の森と王氏の対面、そして、「王様、命」の札を掲げて応援する森の姿が紹介される。その時、グラウンドにいた王氏にとって、初めて見る映像だった。

「今日の２０００回まで大変な道のりだったと思います。５００回、１０００回、１５００回、それぞれの区切りの映像を見たくなりました」。ホームラン通算８６８本は日本プロ野球の記録であるとともに、アメリカ大リーグのハンク・アーロンを抜く大記録だ。１本、１本を積み重ねていった王氏は、森の歩みに興味を抱いた。

三宅アナ「こんなに放浪記が支持されたのは、何だと思いますか」

森「私にもわかりません」

黒柳は、前年の森の落ち込みも目の当たりにしていたから、森の復活を誰よりも喜んだ。萩本は「森さんの芝居はどうして温かいんだろうと思って、楽屋にスパイを潜入させた。そしたら、森さんがお弁当を作ってきて、共演者全員で食べていた。一番端役の子にも、『早くおいで』なんていって隣に座らせたという。それを聞いて、これだと思った。森さんがでている番組って、あったかい。それから僕も、個室の楽屋というものをやめた。『欽ドン』はそこから生まれた」。

王氏はうなずきながら言った。「試合に出ている9人、他にベンチに25人、それを支える裏方、今日のカーテンコールを観て、チームがひとつになっていたことが良くわかりました。チームは一体となった時、力を発揮します」。

帝劇で、『放浪記』を公演している一方で、近くの日比谷公園では、「派遣村」ができていた。正規に雇用されず、一方的に首を切られ、食事もできない人に、ご飯と汁の炊き出しが行われた。大晦日、故郷にも帰れず、家族とも会えない男達、炊き出しに並ぶ行列の映像は、全国に衝撃を与えた。昔話と思っていた『放浪記』が描いた時代が、今の現実と重なっていた。

尾道の場面の貧しい行商の親子の話に、ゲストの3人は心を寄せて話をした。

「いっぺんでええけえ、ライスカレーいうもん食べたあの」。親子は浜辺の家に厄介になり、ご飯をいただく。子供が遠慮なく、がつがつとお腹に掻き込む。「父ちゃん、うまいねえ、うまいねえ」。

王、「ご飯を美味しそうに食べていましたね、私達も、あの頃は……。今は、変わった気がします」。

ひたむきに生きた時代、自分もそれほど豊かでないが、困っている人を助け、周りの人と一緒に幸せになろうとした人情に、話が進んだ。「嬢ちゃん……いつか、きっと、しあわせになるんよ。私もなるけ」。

舞台『放浪記』に描かれているのは、日本人の心の風景だ。森は、舞台稽古の初日、出演者全員に向かって、檄を飛ばした。「１００年に1回の不況です。不況は、こうやって返すのよと、みんなでやってやりましょうよ」。

森は、尾道の場面を演じる時、腰の周りがずきずきするという。『放浪記』には、森の人生の奥底も描かれている。黒柳は「新しいことに興味が尽きない人、難民キャンプでの体験談も良く聞いてくれました」。森はこんなＦＡＸを送ってきたという。「戦争、戦後の酷さ、辛さを知っている私には、昨日のことのように思いだされます。戦争さえなかったら他は我慢できるといつも思います。でも、水がないなんて、信じられない、帰ってらしたら、お話聞かせて下さいね」。

黒柳は、昨今日本で、自殺者が増えていることに触れた。「外国の難民キャンプに通って25年になります。私はキャンプで、聞いたんです。『この中で自殺したい人はいますか』。飢えている暮らしなのに、自殺を考える人は、誰もいないんです。今、日本人は、なぜ、こんなに自殺するのでしょうか」。

最後に、三宅アナが聞いた。「29日が千穐楽です。そのあと、どうされますか」。「お話があれば、どこへでも行きます」と森は答えた。『放浪記』を日本全国へ持っていく、と言ったのだ。

三宅アナ「最後に、森さん、あのカメラに向かって、若い人へのメッセージをひとことお願いします」。

カメラは森のクローズアップに切り替わった。

「若い方、これからの方、好きなことを思い切りやって下さい。応援しています」

いつの間にか番組には、「どんな境遇にあっても生き抜く」というテーマが、前面にあらわれていた。

89歳の誕生日に迎えた、『放浪記』2000回（2009年５月９日）
近藤真彦らジャニーズ勢がバースデーケーキを持って駆け付けた（下）

劇場という閉ざされた空間で、２０００回続けられてきた森光子と『放浪記』のメッセージが、全国津々浦々のお茶の間に、弾けるように伝わっていった一瞬だった。

平成21年（２００９年）　５・５〜５・29　帝国劇場　２０１７回

＊５・９　２０００回公演

この年をもって、森は林芙美子を演じることはなくなった。

高みに立った俳優がいかにしてくだりの坂道をたどるか。森やその時代の大スター達はどんな思いを抱いて、晩年を過ごしたのか。

第五章

座談会
「森繁・五十鈴・のり平・光子
皆、舞台を愛していた」

森繁久彌、山田五十鈴、三木のり平、森光子。昭和30～40年代、主役級の四人が同じ舞台に揃った華やかな時代があった。実力者同士なので、出番の数を競うのではなく、あくまでも芸を競って、楽屋裏では温かな交流をもったという。

戦地の満州から帰ってきた森繁に声をかけ、舞台に誘ったのは、菊田一夫だった。森繁の自伝によれば「或る日――この葉書を見次第、東宝本社に私を訪え……、という幸運の便りが来た。裏を返せば、菊田一夫とあるではないか」。森繁が東宝本社の玄関を入ろうとしたら、菊田に会った。「芝居やってみる気はないか?」「ええ……」「自信あるかい?」「闇屋よりは……」「じゃ、あさって、一時に有楽座の楽屋に来てくれ」。後年、森のホームグラウンドとなる芸術座は、「東宝現代劇第1回公演」と銘打った、森繁の『暖簾』(原作:山崎豊子　脚本・演出:菊田一夫)で開場し、森の『放浪記』で48年の幕を閉じた。芸術座最後の『放浪記』には森繁も駆けつけ、「東宝現代劇」の看板を守り通した森を労った。

森は、菊田一夫の『放浪記』を、1時間以上短く潤色する大仕事を三木のり平に頼んだ。三木は菊田の台本に手をいれることの恐ろしさに苦しんだ。

森と山田五十鈴は、菊田一夫が最後に手掛けた舞台『道頓堀』で共演した。1930年頃の大阪道頓堀のカフェー。女給たちが、チップや指名客の奪い合いに女の闘いを繰りひろげる。森は、チップの鬼と自他ともに認め、えげつなく稼ぎまくる女給すみれを演じた。山田はカフェーの女将を演じた。山田は後輩たちにベルさんと慕われた。浮世絵から飛び出たように美しく、女役者と呼ばれるほど達者で、おっとりとした人柄が皆の憧れの的だった。山田を公私にわたり支えた、演出家の北村文典は、三木のり平の助手をつとめ、2008年から『放浪記』の演出を手掛けるようになる。

森光子生誕百年にあたり、森繁久彌、山田五十鈴、三木のり平、森光子をマネジャー、演出家として永く支えた人々に集まってもらった。彼らは、仕事場での多くの時間を本人と共に過ごし、その言葉や生き方を体に刻みつけた四人だ。楽屋で本人が口にした、飾らない生の言葉を今に届けてくれる。

では、森繁・五十鈴・のり平・光子、その腹心による奇跡の座談会を始めよう。

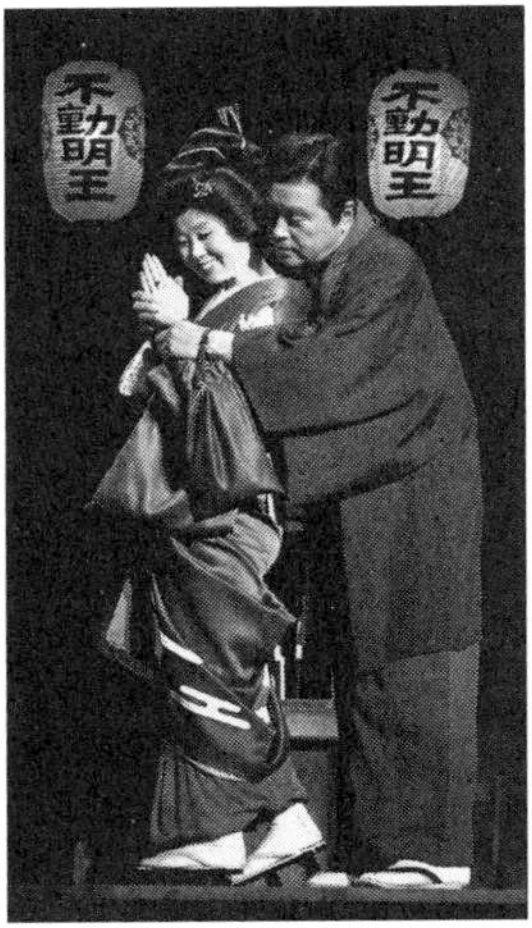

上／山田五十鈴と　『道頓堀』（作・演出：菊田一夫　1972年）
中／三木のり平と　『夫婦八景』（1968年）
下／森繁久彌と　『夫婦善哉』（原作：織田作之助　脚本：土井行夫　演出：津村健二　1970年）
（提供／東宝演劇部）

〈座談会　出席者〉
森繁久彌弟子・守田伸子　十八歳から半世紀にわたり師事する。
山田五十鈴演出家・北村文典　『徳川の夫人たち』などの山田作品、『放浪記』演出
三木のり平マネジャー・前島達男　三木のり平の事務所「サニム」元・社長
森光子マネジャー

名優たちのハプニング「セリフ覚え」「特別出演」

――森光子さんが昭和33年に上京、『放浪記』に初主演、日比谷の劇場や映画界で、森繁久彌、山田五十鈴、三木のり平、三人の大スターに出会いました。

光子マネジャー（以下光子）　昭和30年代は、森光子がちょうど東宝の舞台によく出ていて、駅前シリーズなどの映画にも出ていた頃ですね。

のり平マネジャー（以下のり平）　のり平とは割に夫婦役が多かったですね。

森繁弟子（以下森繁）　お二人は結構何本も夫婦でしたね。舞台でも、映画でも。

のり平　二人のコントラストが一番おかしいんです。

光子　役者として二人とも芸風が同じなんですね。すごく器用で。

のり平　森さんは、言葉でいうと、食い抜け女優っていうんです。たくさん出るんじゃなくて、一番おいしいところをさらっていくわけです。それの天下一品が森さんです。さらっていって、すぐ消えるわけです。だらだら長くいないんです。歌舞伎役者じゃないけど、出と引き際が、二人とも巧まざるうまさでしたね。

光子　もちろん、舞台の真ん中に森繁先生と山田先生がいらしてこその食い抜けです。

――昭和30年代は、森繁さん、山田五十鈴さん、のり平さん、森さんが同じ舞台に出演していた贅沢な時代でした。

光子　菊田一夫先生のおられた40年代までね。明治座は、昼間2本に夜2本で全部違う出し物。それに全員が出ているんです。しかも新作ばかり。

森繁　稽古は1週間ちょっとしかないんです。弟子も大変でした。

光子　プロンプのかけ合いだから、いろんな声が聞こえるでしょう。三木先生も、誰の声だか分からないって。森光子だけプロンプ要らずでした。

森繁　皆それは俺のせりふだ、とか大変だったね。

光子　三木先生は何故かどんどんどんどん後ろへ下がっていく。プロンプターが壁の向こうにいるから。

森繁　のり平先生で一番おかしかったのは二宮金次郎。場面に関係なく銅像が立っているの。何のお芝居だったか、料亭の庭にもあったわよ、金次郎。（笑）

五十鈴演出家（以下五十鈴）　のり平さんのところのお弟子さんで、大人なのにものすごく背の小さなお弟子さんがいらして。庭に二宮金次郎の銅像があったらいいんじゃないかって言ったんです。そこでプロンプさせると。

森繁　薪を背負って、台本を手にしてね。

五十鈴　銅像が、ページをめくったらまずいでしょうっていう話なんだけど。

森繁　のり平先生の台詞覚えが遅いから、板敷きの上に台詞を書いた紙を置いていて、山田先生はわざと座布団をその上に置いたり、邪魔して座ったり。

五十鈴　菊田先生の本が上がるのが遅かったですから皆大変だったと思いますよ。舞台稽古中に原稿用紙で来る。三田のコピーの青く焼けた薬臭いのが俳優さんに配られて、せりふを覚えながら動いたり何なりしてるわけだけど、森さんは、みんながあたふたしているうちに覚えてしまう。

光子　客席でね。読んだら覚えちゃっているから、あだ名がリコピー。

五十鈴　のり平先生はどういうわけか、ここ要らないんじゃないか、こことここをつないだほうがいいなって、そういうことがお得意でした。

光子　あと、他人の台詞はしっかり頭に入っているんですよね。

森繁　皆そうだったよね。日によってお客様によって芝居の間が変わってくる。順番や段取りで覚えてたら対応出来ないけど、皆さん人物が仕上がっているから、たとえ自分の台詞が入っていなくてもどうとでもなるの。一段上の役作りだったね。

光子　どうして三木先生が『放浪記』の演出をなさったのか。

五十鈴　その2、3年前に、漫才師ミス・ワカナを題材にした『おもろい女』があって初演は別の演出家だったのだけども、あれは関西の話でした。関西・大阪くささというのがあまりない感じで具合が悪かった。それで翌年の再演のときに、のり平さんは江戸っ子だけども、喜劇とか人情とかそういうところもたけているから、それでのり平先生に替わって大当たりした。そのことがあり、森さんが指名したのだと思います。

光子　ミス・ワカナはなかなか関西に持っていくことをしなかったんです。

五十鈴　名古屋止まり。

光子　絶対嫌だったようです。

五十鈴　大阪弁でしょう？　でも全部が全部、大阪っぽくはならない。だから梅田コマとか新歌舞伎座で大阪ものをやらない。

森繁　それはうちの先生も同じ考えでした。先生は大阪ものでも、さっぱりとした船場ものが多かったけれど、当時の大阪の喜劇はどぎつい河内弁が受けて、それが求められた。山田先生も浪花千栄子さんも苦労なさったと思うけど、うちの先生もあまり大阪に芝居をもっていかれませんでした。

五十鈴　そうでしょう。

森繁　半分江戸っ子だからね。こってりと芝居をしたくなかった。

五十鈴　関西の育ちだから、本当はできるわけです。でも全員が集まったときに非常に緊密な大阪ものというのができない。関西の人が「変な大阪弁を使う人がいるね」なんて平気でいいますし。

光子　『おもろい女』には、森繁先生も興味を持たれたんですよね。

森繁　芸術座の帰りに帝国ホテルの上のラウンジで、先生と奥様、森さんと雁師匠（芦屋雁之助）、赤木春恵さんと延々話をしていて迎えに行ったら、森さんが「伸子、とんでもないことをザ（森繁座長のこと）はいうのよ」って。どうしたんですかっていったら、「秋田實は俺がやりたかった」。

光子　良いお芝居には必ず出てみたくなる先生。（笑）

森繁　そしたら秋田實の生涯になっちゃうから、ミス・ワカナの話が。（笑）

光子　ぜいたくとか何とかというのはこっちの話であって、本人たちは本当に芝居が好きだからやりたいんですよね。

森繁　そう。その気持ちだけ。

五十鈴　『南の島に雪が降る』の映画があるじゃないですか。加東大介さんの原点作ですけど、もちろん本人も出ている。あの中で森繁座長が、一連隊を連れて兵隊たちがやっている芝居を見て、それに飛び入り参加で出てくる。後ろ姿で、五木の子守唄の背中に赤ん坊の人形を背負って、でんでん太鼓をもって。表を向くと、連隊長だってみんながわぁっと。それで歌を歌う。翌朝になると、見ていた連中が全員で特攻に向かう。連隊長の森繁座長が敬礼して出陣していく場面がある。座長の印象がすごいから持っていかれちゃうんですね。

光子　昔の役者さんって立場を考えずによく出たがっていましたね。森繁先生は、芸術座に遊びに来られても、どこかに出るチャンスがあるかと狙っていらして。

森繁　東京宝塚劇場と芸術座が目と鼻の先だったから。芸術座で山田先生と森さんが『道頓堀』をやっているとき、宝塚劇場に出られていた森繁先生が「ちょっとベルさんと光子のところに行ってくるから」。ああそうですか、どうぞどうぞって、楽屋着のまま。開演に帰っててらして「また出ちゃった」「えっ」て。

五十鈴　カフェーの話だから。そこへはお客さんでも何でも、出たって不思議はない。
のり平　邪魔にはならない。
光子　そんなとき、山田先生は吹き屋なんです。吹くの、すぐ笑っちゃうんです。そういうことになってくると後ろを振り向いちゃって、お客さまにお尻を向けて笑っているんです。そのくらい笑い上戸でしたよね、山田先生は。
森繁　あらあら出てきちゃったの、って感じ。
光子　ギャラがどうだのそんな時代じゃないです、お客様が喜んでくれればそれでいい。
森繁　そう、粋でしゃれてるのよ。観に来てた渥美清さんがなぜかカーテンコールで、うちの先生の隣に立っていたりね。
光子　三木先生は、『放浪記』の仙台公演でも南天堂の出版パーティの場面にお出になりましたね。
五十鈴　由井正雪みたいなカツラで、ひげを付けたりいろいろ凝って「これでばれねえだろう」なんていいながら。一歩出た途端に大爆笑。ご本人は「冗談じゃない。何でばれるんだ」って怒っていらした。

のり平　千穐楽だから大入り袋を出して、芙美子におめでとうって渡してね。

光子　そう。笑わなくちゃいけないんだけど、森光子は絶対に吹かない。森繁先生や三木先生でもう慣れているから。

森繁　あの頃の舞台は、演出家も演出部もスタッフも弟子もみんな大変だったね。

光子　働き方改革なんて関係ないですからね。

森繁　ない、そういうの。全然ない。いつ寝ていたんだか。

光子　森繁先生がみんなの弟子を束ねて、弟子組合を作ってくれたけどね。

森繁　喫茶店によく弟子が十何人集まってね。三代目志ん朝師匠のお弟子さんが「おい、あしたストライキを起こして、みんな休むか。幕上がらないよ」と盛り上がって。

光子　みんなで森繁先生に呼ばれて、叱られたりね。いい思い出。

名優たちの引き際。みんな舞台を愛していた

――名優たちも絶頂期を過ぎ、年齢相応に身体が弱ってくると、裏方の皆さんもいろ

いろ気苦労がおありだったでしょう。

光子　私達三人とも最後まで本人を支える場にいられた。北村さんも東宝の方なのに、山田先生のことを最後の最後まで面倒見られて。

五十鈴　はい、そばにはいさせてもらいました。

光子　森繁先生は仕事を終えられたけど、最後までずっと威厳を保たれて。昔の役者さんというのは、落ちるところがなかったですよね。

森繁　ありませんでしたね。

光子　山田先生は最後のほうは、それまでとは違った作品にも出られるようになりましたね。

五十鈴　山田先生を尊敬されている市村正親さんと三越劇場で二人芝居をされたり、『桜の園』のラネーフスカヤ役に朗読で取り組まれたりもしました。いずれも短期の舞台でした。

光子　市村さんは『放浪記』が目標と仰って『ミス・サイゴン』を演じ続けておられます。

五十鈴　いっちゃんは病気もなさいましたけど70歳を迎えられて脂が乗りきっている感じですね。

光子　山田先生は主役を誰か若い女優さんに譲られて、出番が少なくても出演されましたね。芸術座でご自分の出番が終わると扮装のまま横断歩道をわたって帝国ホテルのご自宅に帰られた姿をよく見ました。どういうお心持ちで舞台を続けられていたんですか。

五十鈴　12歳で映画デビューした時から女の主役でしょう。そこからずっと主役。舞台も森繁座長と一緒のときでも、座長は男のトップだけど、相手役の女優さんではトップで君臨。ずっと主役をやり続けているから、下積みでということがないわけです。そうなると主役を求めるという考えがない。

光子　主演が遅かった森は、舞台は全場出たいと冗談で言っていたけれど、それが違いますね。

五十鈴　主役や脇といった区別はなかったみたい。自分は一役者だから、監督や演出家から振られた役を演じるだけ。人と競うという考えがまずないわけです。自分の

光子　役がふさわしい役になって演じることができているかどうかだけでした。

森繁　森繁先生も、御園座で『佐渡島他吉の生涯』を北大路欣也さんに譲って、夜の部の最終場だけ出てらっしゃって、それが最後で舞台を降りられた。

光子　最後の最後まで板に立てないことは悔しかったみたい。

森繁　舞台は責任が重いですもんね。

光子　まだ企画は何本か残っていたんだけどね、しょうがないよね。先生はロングランをいろいろやった。一回一回が勝負だから、回数でやりたくないから、後ろを振り返らないで次へいきたい。それが強かったみたいですね。

森繁　『屋根の上のヴァイオリン弾き』は73歳、現役の盛りに降りられているんですね。

光子　そうです。

森繁　よく降りることができましたね。森光子には考えられないと思う。

光子　あまり過去の栄光、過去が嫌いなんですね。前へ行きたいっていう。

森繁　同じ前へ行くんだけど、違う。森光子は『放浪記』を絶対に譲らないで、やれる限り、最後の最後までやると決めてやっていたけど、先生は『ヴァイオリン弾き』を人に譲って、違う舞台をやっていたでしょう。何でなんだろうと思って。

森繁　森繁久彌の『ヴァイオリン弾き』だからお客様も待ち望んでいたわけでしょう。共演していた益田喜頓先生が繁さん千回はやろうよって仰ったんです。でも俺、回数でやっているわけじゃないからって仰ったんですよね。

光子　山田先生も森繁先生も同じような気がしません？　お二人とも、大物の俳優さんが大物のままご自分で早くに引き際をお決めになった。でも森光子は本当のギリギリまでやり続けたんですよね。

森繁　それはそれですごいことだね。

光子　森は舞台をなくすことは絶対したくないと、最後の最後まで思っていましたね。三木先生も、最後のほうで俳優座で舞台をおやりになった。

のり平　『山猫理髪店』。

光子　全部せりふを覚えておられたじゃないですか。

のり平　亡くなる前の年の秋でした。

五十鈴　やるときはやるんだよという姿を見ました。

光子　みんなでその話題になったんです。森も全部覚えてらしたって感心していて。
森繁　わざと覚えなかった先生が、最後の最後にね。
光子　誰にも最後と思わせずにね。
のり平　中村メイコさんが弔辞であの人の人生はカットアウトだ、と。その一言に尽きます。
光子　森繁先生も山田先生も最後まで舞台のことを大切になさっていたと思うのね。
森繁　山田先生が病院に入られて、森繁先生は二回ほどお手紙を書いて、行きたいと仰ったの。でも伺わないほうがね、と私は思って。機嫌を悪くしてベルさんもそういうところにいるんだな、俺と一緒だなって、舞台に立てないからって、いつも仰っていた。
光子　森繁先生、芸術座が閉館するときに訪ねてくれましたよね。
森繁　光子のところに会いに行こうと、最後に行った。その後、二千回の前かな、「光子は大丈夫かな、体」って一言仰っていました。
光子　山田先生も森が『放浪記』を降板したとき心配してくださってたって。

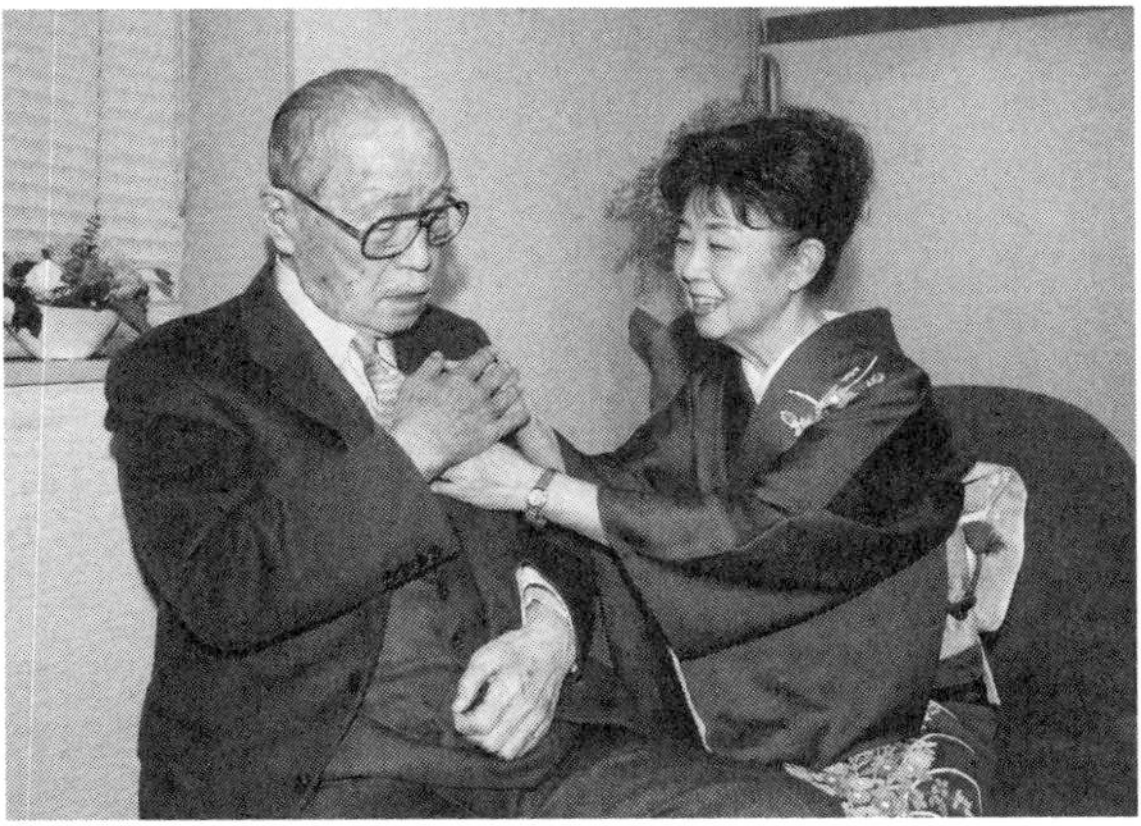

上／森繁久彌、三木のり平と。
　　『放浪記』500回記念パーティにて（1981年）
下／芸術座最終公演の楽屋で語らう（2005年）
（提供／東宝演劇部）

森繁　やっぱり同志というか、戦友というか、深い絆があるんでしょうね。

光子　山田先生もそう、三木先生もそう、森繁先生も森光子も皆、何の仕事をしていても結局は舞台に戻る。これが不思議。ドラマも好きだし、映画も好きだし、バラエティーでも何でも好きなんだけど、絶対に生の舞台が皆の原点なのよね。

森繁　思い出した。森繁先生が「舞台は身を洗う。全身で見られるから」って仰ってた。「舞台は丸見えだろ。良い衣裳着ても、メイクしても、人間の表も裏も見えちゃうだろ」って。誰でも、舞台は身を洗う場なんだよ、ということは私聞いていました。みっちゃんも山田さんものりちゃんもそう、僕たちは舞台を大事にしているって。

「舞台は身を洗う場だ」。この言葉に全員がうなずいて、座談会は終わった。

スターもやがて年を取り、仕事を選ぶようになる。体力のいる舞台には出られなくなる。しかし、人生の引き際に皆が、舞台へ思いを馳せた。皆が舞台を愛していた。

『放浪記』を2000回まで積み上げた森光子の引き際とは――

第六章

２０１７回目のカーテンコールでの事件と、その後

千穐楽のカーテンコールで起きたこと

森は、『放浪記』2000回特番の生放送が終わると、黒柳や藤島メリー氏らいつもの気のおけないメンバーに祝われて、夜遅くに自宅へ帰った。マネジャーや付き人としばし余韻を味わい、彼らが家路について一人になった。

昭和33年12月、女優を目指して上京し、初めて演じた舞台の公演中に竣工した東京タワーを、2000回達成の夜も眺めたことだろう。

身長153センチ、体重40キロ、顔も小さく、小柄で舞台映えしない体型、だが声に艶とハリがあり、達者な演技力で観客の視線を釘づけにし、舞台ではひときわ大きく見えた。2000回のカーテンコールでも「より表現の豊かな女優になりたい」と誓った。89歳にして真っすぐ前を見据えた女優が、国民的な出来事を成し遂げた一日が終わった。

演出家の北村文典氏は、森光子は2000回で燃え尽きるのではないかという不安を抱いていたが、それは杞憂に終わった。休演日を経ての2001回目、林芙美子のライバル役、日夏京子役の山本陽子は森の姿に驚いたという。

「パタっと終わるかと思ったらとんでもありません。森さんの足先から、手先まで清らかでいてドロドロとした血が流れている。千穐楽までそんな感じでした」

２０００回という山を越えて、公演は生き生きとして素晴らしく、森も弾けるようなリズムで躍動していた。山本學も言う。「森さんが本当に泣かれるんです。これまでは、林芙美子の感情変化だったんですけど、この頃は演技ではなく人間そのもので、ふっと泣かれる時には素直に泣かれるし、昨日はここで泣かれたのに、今日は泣かないなあとか。何というんでしょう。その日のお客とか、その日の自分の状態に、すごく素直になられている」。

私は、絶好調の公演を複数のカメラで撮影して、それを1回にまとめ、ベストの編集をして、映像記録決定版としてＮＨＫに永遠に保管したいと思った。そのためには、ドキュメンタリーチームのカメラを1台から3台に増やさなければならない。ＮＨＫに「劇場中継」という古典芸能専門番組があるが、カメラワークが型通りで、臨場感に欠ける。２０００回達成まで追いかけた、報道ドキュメンタリーのカメラは対象に肉薄していく。森の顔のアップ、足元のアップ、迫力がある。ニュースを撮影しているカメラマンが舞台を夢中で追いかけた。

千穐楽は5月29日で、通算2017回に達した。『放浪記』はその先まだ続くのか、何も発表されていない。『放浪記』とともに歩んできた役者達は、スケジュールを、自らの処しかたをそろそろ決めなければならない。そんな雰囲気が漂う。こうした一座の千穐楽もいつもの通り、森光子は5階の楽屋からエレベーターで舞台に降りてくる。まったく自然体で、舞台に向かった。それから3時間半が過ぎた。2017回公演、千穐楽のカーテンコールで、事件が起きた。客席脇通路前方で見ていた私は、仰天し、これは事件だと思った。

舞台上にずらーっと並んで立った共演者の表情には、これが最後になるのではないかという寂しさが漂う。まず共演者から、マイクを順に回しながら、挨拶をする。詩人役、白坂五郎役を23年にわたってつとめた米倉斉加年、「終わらない芝居だと思っていました。この芝居だけは終わることは考えられません」。芙美子の母きし役の大塚道子も、これで終わるのは悲しいと訴えた。

初演から唯一人半世紀にわたり伴走した東宝現代劇の青木玲子は、森と共に、初演の菊田演出を今の舞台に残す努力を続けてきた。森の青木への思いを汲んだ藤島メリー氏は、２０００回達成の日に青木へ花束を届けさせ、カーテンコールで青木を労うひと時がもたれた。青木は入院する病院から通っての出演で、何とか千穐楽の舞台にたどりついた。

ネチネチつきまとうが、芙美子を真に思って見守る安岡信雄役を演じてきた、山本學は、今日で終わりと思ってマイクを持っていた。「本日を持って、ナメクジ男ともお別れになります。森さん、ここにいられる皆さん、そして、素晴らしい仲間達、ありがとうございました」。

客席が静まり返る中、最後に森が口を開く。

「今日で、この役からさよならするとは思っておりません。思えません。おかあちゃん（大塚）、大丈夫よ」

満員の客席から拍手が沸いた。

「私は、これからも、もちろん『放浪記』を続けます」

ここで、さらに大きな拍手が沸いた。

「ポロっと言ってしまいました。言ったあとで後悔しましたけれども、でも、後悔するより前に、拍手の音が聞こえましたので、ああ、良かったと思いました。正直申しまして、あとで自分はずるいんじゃないかと思いました。大事なことをお客様の拍手で決めてしまったのですから」

千穐楽の夜には、東宝の社長、会長として森をずっと見守り続けた松岡功氏（現・名誉会長）が国民栄誉賞を祝ってのパーティを催した。『3時のあなた』で森と走り続けたフジテレビ名誉会長の日枝久氏や、「大きな森、小さな森」とファンを公言した森喜朗氏も駆けつけた。パーティ出席者の誰もが気になるのは『放浪記』のこれからだった。

来年の帝劇はすでに埋まっていた。90歳での『放浪記』公演は、芸術座の後を継いだシアタークリエで、2か月公演がラインナップされた。2000回公演での、森がカフェーで踊る写真を使用したポスターが用意された。

『放浪記』2017回目のカーテンコールで（2009年）

菊田一夫、森光子、松任谷由実——「ひとり」

7月1日、森光子は、国民栄誉賞を受賞した。帝国ホテルでの記者会見で、喜びを語る。

「こういう時のお礼はなんて申し上げたらいいのでしょう。皆さんのおかげなんです。どなたかが台本を書いてくださったかのようです。バチが当たっちゃうほど幸せです」

若い頃から、自身の努力がそれほど報われてこなかった。それでも成功を求め、挫折を乗り越え、努力を続けてきた森の口から珍しく「どなたかが台本を」「バチが当たる」との言葉が聞かれた。ここまで来て望外の幸せが訪れたが、果たしてこの先にも台本はあるのか。森は山の頂にたどり着いて、初めて後ろを振り返ったのかもしれない。

記者会見場に賞状と盾が展示された。森光子という大きくなった芸名の陰に隠れていた本名が記されている。今や空港カウンターの呼び出しでも聞かれない、村上美津の名前だ。記者会見で、来年の5、6月に、シアタークリエで、再び『放浪記』を公演することが発表された。

私は、森の２０１７回への栄光の足跡として7月に総合テレビ夏期特集『ヒューマンドキュメンタリー　女優・森光子　放浪記に生きる』、9月にハイビジョン特集『女優・森光子　89歳の肖像』を制作し、放送した。女優としての生き様、その人生、舞台、真正面から偉大な女優の記録を映像に残した。

そのためのインタビューは、ＮＨＫで収録した。まとまった時間の出来た森に、２０００回達成までに起きた様々な出来事や風景の映像を見せてインタビューをする。森の目に涙があふれた。菊田一夫がこの世を去ってから36年。ＮＨＫに残っていた映像で、森は恩師と再会する。かつてのニュース映像で菊田の顔が映し出される。

「僕の人生観は、最近よく言うんだけど、人間はどこまで行ってもひとりだということ」。森が離婚したときの会見でも、菊田は女優の人生において逃れられない「不幸」を持ち出していた。「孤独」は、『放浪記』第五幕でも菊田が芙美子に語った。菊田にとって宿命のようなものなのだろう。

森「今、先生の仰った『人間は一人だ。どこまで行っても一人なんだ』。ずいぶん強調してましたですね。私もそうだと思います。先生から『君も一人だと思ってんだろう』って指摘された気がしました。私は、間違ってなかったのだと思います」。

「円熟を通り越して完熟、シャトーディケムのよう」

森が国民栄誉賞を受賞した2009年7月に対談した松任谷由実は、森を世界有数の貴腐ワインに例えた。さらに、菊田が言った「ひとり」に似たような話を、松任谷は森に投げかけた。

松任谷「とにかくずっと咲いている。これはすごいことです、本当に」

森「『まだ、春は終わってない、夏になりかけなんだ』って、自分で自分に言い聞かせてるの。先は長いぞと」

松任谷「私、つい最近まで、東京で大きいライブをやってまして。ハイになると同じだけのダウンが来るというのは頭でわかってるんですけれど、実際にそうなるとつらくって。ベッドに頭を打ちつけながら、そういえば数日後に森さんにお目にかかるなと思ったら、『森さん、この先に何があるんですか』って慟哭してしまったんですよ（笑）」
森「えー、ユーミンさんでも、そんなことあるんですか」
松任谷「なんかね、孤独感に苛まれて（笑）。（略）こんなにステージをやってきて、お客さんも喜んでくれているけど、『この先に何があるんですか』って」
森「飽きないでください。それだけでいいです」
松任谷「ああ。ずっしり受け止めました。それさえできてれば、続けられるなって思います、まさに」
（『才輝礼讃』松任谷由実〈中央公論新社〉）

森はデビュー以来長きにわたって、孤独を胸に秘め、女優の道を貫いた。

89歳で初めて仕事をキャンセル

11月、森光子は39年ぶりに明治座の舞台に立つ。マキノノゾミ氏の作・演出による新作『晩秋』だ。国民栄誉賞を受けた森は、それ以前から都内の主要な劇場の全てを廻り、観客にお礼参りがしたいという考えをもっていた。ホームグラウンドの帝劇、芸術座（シアタークリエ）、日生劇場でも『おもろい女』を演じた。勘三郎との新橋演舞場、このたびが明治座、その後は国立劇場での公演を企画していた。

その公演を前にした8月、森は生出演を予定していたラジオ番組を当日になって突如キャンセルした。友人の笑福亭鶴瓶がMCを務める『日曜日のそれ』だ。昔の話になるが、岡本愛彦との結婚式の日に、青木玲子に『がめつい奴』の代役を頼んで以来、仕事のキャンセルは例がないことだった。軽い不整脈が出て大事をとったのもあったが、舞台の台本が思うようにいかないことへのいら立ちも原因だった。

名人鶴瓶はというと、ゲストの森がいない一人きりのスタジオで、森の自叙伝『人生はロングラン』を片手に、森のことをたっぷりと語り尽くした。

「森さんはいつも物事を俯瞰に見て、自分が苦労しているような時にでも、涙ではなく、ちょっと面白く捉えてはるんですよね。人生の余裕みたいなもの、本当は余裕はないんでしょうけど、人生であかんって時に、思わず笑ってしまうことがあるんですね。人間のもっている糊しろみたいなものが、自分の中で良い作用をしているなということがあって、森さんもそうなんやろうなあと。（略）いろんなところに慰問も行っておられます。芸能人は営業の許可がないと舞台に立てなかった時代だったんですけど、森さんの鑑札の番号が技芸員証第６０６号で、覗き込んだバンドの人たちがわあっと笑ったと。軍隊で使う性病の薬が６０６号やったって、ふざけてるんですよね、この人は（笑）。少女の時代からそんなんですよ。今度お元気になられたら来ていただいて、色々お話聞きたいと思っているんですけど」（『日曜日のそれ』２００９年8月30日）

『晩秋』は、東京で働く医師（坂東三津五郎）の元を、小学校時代の恩師（八千草薫）が訪ねてくる。恩師には認知症の症状があらわれている。記憶があるうちに、医師の母（森光子）に聞いておかなくてはならないことがあった。母はなぜ、息子を捨てたのか。

森は回想のシーンに振袖姿で『センチメンタル・ジャーニー』を歌った。森の登場を待っていた観客は沸きに沸いた。主人公ではなく「国民栄誉賞受賞記念出演」と銘打っての出演となった。それは森の体力を考慮してのことだった。２００８年の『放浪記』から演出を担当していた北村文典氏は、89歳の森のサポートスタッフを買って出ていた。

森は、子供を捨ててまで歌手の夢を追う女性を演じ、劇評は全紙で森の演技を賞賛した。八千草は『放浪記』初演以来の舞台共演だった。三津五郎も八千草も今はもう亡い。

滝沢秀明と演じた自叙伝の舞台『新春 人生革命』

年が明けると帝劇で『新春 人生革命』の舞台が幕を開けた。

森は、ジャニー喜多川氏が演出したエンタテイメント・ショーを毎度観劇していた。「瞬きする間も惜しい」とジャニー氏の演出に感心していた。舞台空間を自在に変化させて、舞台に立つ者を輝かせた。少女期、松竹歌劇や宝塚歌劇に憧れた森は、ジャニー氏にショーへの出演を願い出た。ジャニー氏は自身が森を演出するのはおこがましいが、森の自叙伝をそのままショーにするお手伝いなら出来ます、と遠慮がちに応えた。

ジャニー氏は、森の負担が少ないように、滝沢秀明主演の舞台と昼夜2部興行制を敷き、1月8日から2月6日までゆるやかに1日1度の公演とした。

滝沢は13歳の頃、森が演じたテレビドラマや先のディナーショーに参加していた。滝沢の産毛がスタジオの照明で金色に光っていたと、森は振り返ったが、滝沢は27歳を迎え、頼りがいのある座長に育っていた。

父と母を亡くした若者・滝沢が、京都で人気絶頂の森演じる大座長と出会う。若者は大座長との交流を通して芸の道と人生を学ぶ。京都の街並みを人力車で巡る。竜宮城でジャニーズ若手のパフォーマンスを楽しむ。戦争が終わった後の焼け野原で一座が再生を誓う。ジャニー氏は、どの場面でも森に滝沢を寄り添わせた。帝劇内の空間を飛びたいという森の願いをジャニー氏は形にした。森と滝沢を乗せたゴンドラが、客席のはるか上を通り過ぎて行く。

ジャニー氏は、森の負担を少しずつ減らしながら、全ての場面でその活躍を見せた。帝劇の華やかな舞台空間の中央で、森は何着も衣裳を替えながら輝いてそこにいた。

終幕で森は自ら作詞した「人生半ばです」を歌う。ジャニー氏はここで母子の芝居を作った。森を滝沢が見つめ返す場面がある。毎回、滝沢の目に涙が溢れた。森は滝沢に自分の心が通じた、とジャニー氏に楽屋裏でその喜びを伝えた。

喜びも　悲しみも　いつも
みんなで分け合った
まだまだ人生半ばです
いつの日も　目の前に
笑顔があふれてる

物語通りに、亡きジャニー氏の跡を継ぐことになった滝沢秀明は、ジャニーズならではのショーの制作に邁進している。森とジャニー氏のエンタテイメントへの思いが滝沢の体に入っている。

公演中は、ジャニー氏が戦後まもない頃から友情を育んだ、京マチ子が久々に帝劇に来場したのを始め、聖路加国際病院名誉院長の日野原重明氏、黒柳徹子、石井ふく子氏、萩本欽一、谷村新司、森進一、和田アキ子、山下達郎、竹内まりや、米倉涼子ら錚々たる面々が詰めかけ、楽屋裏はいつまでも賑わっていた。

2月6日の千穐楽は、帝劇の緞帳が舞台を覆い隠すまで、森が軽やかにチャールスト

滝沢秀明と人力車に乗って京都の街を巡る
『新春　人生革命』（2010年）
（提供／東宝演劇部）

ンを踊った。これが最後の舞台となった。

森は、千穐楽に帝劇の稽古場で滝沢と共に会見を行った。

「『家族』と一緒につくった舞台を、皆さんにご覧いただけて嬉しかったです」

『放浪記』中止発表

この年の5月、森は90歳を迎える。半世紀にわたり林芙美子を演じ続けてきた森は、きっと今年、２０１８回目を演じられるだろう。ただし絶対はない。森の人生にとって、商業演劇にとって、何が最善なのか。

森の『放浪記』が終わってしまうことはあるのか。そうだとしたら、誰が決めて誰が終焉を森に告げるのか。森の身体のケアをしてきた医師団がドクターストップをかけるのか。しかし医師は、体調を良くする立場として、可能性がゼロでない限りストップとは言わない。演出の北村氏は、その役割は医師でないと主張した。「役者は板の上で死ぬべきではない。お客さまに満足していただける舞台を千穐楽まで勤めあげてこその商業演劇だ。『放浪記』には栄光の歴史がある。その全てを森さんは背負っている」。

2月26日、『放浪記』5・6月公演の中止が発表された。

その時、森光子が北村と相談して考えたコメントが発表された。少し長いが、ほぼ全文である。


「実は、来る五月、六月に予定されておりますシアタークリエでの『放浪記』公演をお休みさせていただくことになりました。

お正月公演の帝劇『新春　人生革命』は、ジャニーズの皆様のあたたかい愛情につつまれて、二月の初旬に、千穐楽を迎えさせていただきました。そして、次の『放浪記』の準備に入りまして、四時間にも及ぶ舞台にそなえて体力、気力の充実につとめてまいりました。けれども、昨年から楽しみに待ってくださっている皆様からのありがたいご声援や、また、私の身体を気づかって下さる皆様のご心配をいただく中で、正直、心が揺れ動く毎日でもございました。

日頃からご信頼申し上げている主治医の先生方からは、日常生活には何の心配もありませんというご診断もいただきましたが、お芝居という非日常の舞台の上で、毎日、四時間、林芙美子という役の人物を二か月の間、演じ続けることができるのだろうかとの不安もつのりました。

思い起こせば、昨年五月、帝劇での二千回公演記念公演の後、国民栄誉賞、続いて京都市市民栄誉賞をいただきました。秋の園遊会、天皇陛下御即位二十年をお祝いする国民式典にもご招待をお受けすることになりました。このことは、ひとえに半世紀にわたって積み重ねてまいりました『放浪記』があったればこそのこと、深く感謝しております。

その『放浪記』をこれまで以上に、いいえ、せめてこれまでのように演じることが出来なければ、お客様はじめ、大恩ある菊田一夫先生や、三木のり平さんに申しわけが立ちません。また、途中で幕を下ろすような事にでもなれば、お客様、そして、大勢のスタッフ、共演者の皆様にご迷惑をおかけすることになります。毎日眠れないほどに悩みました。

そんな折に、東宝の松岡名誉会長様から、私の体調を一番に考えるようにとの、身に余るお心づかいをいただきました。また、演出サイドからは、私のライフワークであり、栄光ある『放浪記』を疵つけることや、安易な変更で縮小した舞台をお見せすることはできないという、ありがたいご意見をいただきました。しかし、役者にとりまして、舞台をお休みするということは、これに勝る苦しみはございません。毎日毎夜考え悩みましたが、自分自身決心しまして、本日ご報告をさせていただきました。とは申しましても、お約束した公演が目前に迫りながら、準備不足で取り止めることは、どんなに、お詫び申しましても済むことではございません。

大勢のお客様をはじめ、協賛のエステー様、関係者の皆様、誠に申し訳ございません。

心からお詫び申し上げます。

二〇一〇年二月二六日

森　光子

『3時のあなた』や『放浪記』の楽屋で聞いた、森光子ならではの言葉だ。冷静に、暗いムードになり過ぎない。ファンや関係先への心からのお詫びに、森の真骨頂をみた思いがする。

2か月間、舞台を共にし、森をエスコートした滝沢秀明は、同じ板の上に立った者としての言葉を贈った。

「少しだけほっとしています。

4時間出ずっぱりの舞台に2か月間出演されるのは大変だと思っていましたし、それは僕のような年齢の者にとっても同じことですから。

正月にご一緒させていただいた『新春 人生革命』のように、森さんが楽しんで演じていただける舞台に、また出ていただきたいと思っています。

僕はいつでもお手伝いさせていただきます」


90歳の森が演じる舞台を見たかった。

『放浪記』の「世田谷の場」だけでもいい。センチメンタルな歌の一節でもいいから歌ってほしい。森をもう一度舞台で見たかったが叶わなかった。

公演中止の発表以降、森の環境は一変する。先々まで予定されていた仕事はすべて白紙にした。公演が空いたシアタークリエでは、ジャニー喜多川氏が即座にエンタテイメント・ショーを用意した。森が客席から応援してきたジャニーズJr.は舞台を勤め上げ、森へエールを贈った。

森は2011年に迎える『放浪記』50周年に向けて、体力づくりを始めていた。篠山紀信氏に頼んで、旧友の茶道裏千家大宗匠の千玄室氏との対談で写真を撮ってもらい、テレビカメラの前で90歳のスクワットもして見せた。ウイスキーのコマーシャルに登場したし、NHKでミス・ワカナや戦争の話もした。すべては再び舞台に立つ日を信じてのことだった。しかし、50周年の『放浪記』は実現しなかった。森は、周りの者にその心境を一言も語らなかった。

盟友、黒柳徹子はマネジャーに頼んで、次の年のスケジュールを空けて待っていたが、東宝から依頼は来なかった。黒柳も森へ、次回の『放浪記』のことに触れはしなかった。

森が亡くなる年、黒柳へ最後に届けられたFAXにはこのように書かれていた。

私は　あなたと　また野菜カレーを食べに行きたくて　リハビリをしています

森の舞台を黒柳が観に来た時、また二人が『放浪記』に出ていた時は決まって、芸術座から道をまたいで帝国ホテルのダイナーへ行き、野菜の蒸し焼きが綺麗に並べられたカレーライスを注文し、チキン入りのシーザース・サラダをシェアしていた。

黒柳はすぐにＦＡＸを返したが、普段ならすぐにくる返事はここで途絶えてしまった。

森の心中を思いやった黒柳は、電話や見舞いはあえてしなかったという。

「もし来てほしければ、この私にだったら遠慮なしに『来て』って言ってくるだろうと思ったし、言わないいんだから、今は来てほしいと思ってないいんだろうな、と。女優は元気にならなきゃだめなのって言われたような気がしました」

黒柳は、その後もＦＡＸを送り続けた。

森光子、最後の願い

東北地方が大津波に襲われた2011年、森が91歳を迎えた年の夏、NHKのBSで、「森光子『放浪記』奇跡の2000回公演」を放送する。帝国劇場100年の記念番組となった。4時間にわたる特集の冒頭で、アナウンサーはこう語った。

「私たちは、2000回達成までの1年間、森さんを追い続けました。そこでカメラが捉えた光景は想像を超えたものでした。そこには、森さんの命がけと言えるほどの姿がありました。これは、放浪記2000回公演の全編を3台のカメラで撮影したテープです。ドキュメンタリー取材班は、舞台裏だけではなく、歴史的公演のすべてを撮影しました。その貴重な映像は資料として保管されていました。そして、去年、放浪記の公演を断念することが発表されました。森さん自身からの公演中止を伝える報せです。プロの俳優として、完全なものをお見せしたい、何日も悩み抜いた末、断腸の思いで決断した、と書かれていました。日本人に愛され続けた森さんの『放浪記』。再び見ることは、限りなく難しくなりました。帝国劇場100年の機会に、ドキュメンタリー取材班が感動と共に撮影した放浪記2000回の舞台を、初めて、全編ノーカットで放送します」

そして、番組の最後で、森光子から番組に寄せられた手紙を読み上げた。

「今も『放浪記』の初演台本を手にしております。何らかの形で違った表現でもお見せできるようにしたい。諦めない女、どんな時でもそうやって生きて参りました。今、私の好きな日本が、さまざまな試練を受けています。きっと素晴らしい未来が来るはずです。それは日本人がいつも一生懸命に生きてきたからだと思います。私も必ず皆様に御恩返しができますように頑張ります」

上皇さまと上皇后さまが、被災地をお見舞いされている映像を自宅で見ながら、森はかつて『放浪記』で全国津々浦々を巡るツアーを行った時のことを振り返った。今は各地へ出向き、土地の人々に芝居を見せることが出来ない、励ましの言葉をかけられないことへの口惜しさを周囲に伝えた。森は、日本赤十字社のCMに長年出演していた。ある時、上皇后さまより、日本赤十字社への長年にわたる功労について森が表彰された。上皇后さまはその当時お声の出ない状況の中、口元で「おめでとう」と仰り、森もお言葉をしっかりと耳にした、と心打たれた様子で語った。

そのことがずっと胸に残っていた森は亡くなるまで、赤十字の奉仕活動を続けた。

上皇后さまから日本赤十字社の表彰状をいただいて

第七章　響きあう魂

人生のカーテンコール

初演で日夏京子を演じた浜木綿子も心動かされた、後年の『放浪記』のカーテンコール。たった一人、終幕は落合の家の座敷に座り、2階席、1階席の観客一人ひとりに手をかざし眼差しを向け、感謝の気持ちを表す。3分から5分ほど、観客は水を打ったように静まり返る。やがて森が正面を向き直り、深々と頭を下げると万雷の拍手が巻き起こる。

「私は舞台でお客様から力をいただいていますから。お客様ひとりひとりの健康と幸せをお祈りして私の持っているエネルギーをお届けしています」。森は体調の悪かった、2008年の大阪・名古屋公演でも、このカーテンコールを続けた。

東山紀之もあの場面が好きだった。

「今までいろんなショーを見ましたけれど、あのカーテンコールに勝るものはないといまだに思いますね。あの静寂はブロードウェイでもウェストエンドでも見たことがない。

カーテンコール

お客様の集中力が森さんに向けられて、太陽が上がる時のように森さんの輝きが増すのです。最後に、森さんが命を燃やしておられたような感じがありました。俳優として生きる、命をかけるということはそういうことなんだろうな、と僕は少なくとも感じました」

13歳で両親を亡くし、14歳で映画デビュー、戦火の中で兵隊を慰める歌を歌いながら病を得て、戦後の混乱期は米軍キャンプを回ってジャズを歌った。いよいよエンタテイメントに打って出ようと思った時、結核を病み、数年後放送局を訪ねると幽霊扱いされる。ラジオやテレビの脇役でその魅力を放ち始めた時にはすでに30代を迎えていて、41歳にして『放浪記』で初めての主役を射止め、それから半世紀ひたすらに走り続けた。ついに命が燃え尽きようとしていた。

森の自宅。東京タワーを中心としたパノラマが眼前に広がるリビングに、祭壇があった。壁一面に東山らとの思い出の写真が飾られている。また書棚には、藤島メリー氏手製のアルバムやビデオが並んでいる。毎年の誕生パーティのアルバムも揃う。

81歳の誕生日は、ボストンで迎えた。野茂英雄投手（レッドソックス）とイチロー選手（マリナーズ）の対戦カードのチケットをメリー氏が押さえたのだ（2001年5月8日）。当日は日本人メジャーリーガーのパイオニアである野茂から、若きイチローが2安打を放った。その夜の食事会には、野茂投手、イチロー選手、佐々木主浩投手が顔を出した。アスリートを愛してやまない森にとって最高の思い出になった。90歳の誕生日は、ジャニーズのメンバーが皆で盛り上げた。舞台を降りた直後だった森の表情もこの日は明るかった。メリー氏がプロデュースを担った森の主演映画『川の流れのように』（監督 秋元康）やディナーショーのDVDも並ぶ。森は自宅で熱心に見入っていたという。

舞台を降りてからというもの、日比谷の劇場街には一切姿を見せなかった。女優仲間にも会おうとしなかった。

ここからは、森の人生のカーテンコールの話である。

魂を受け継ぐ、東山紀之

東山紀之は、テレビドラマや舞台、ニュースキャスターと幅広い活躍をしているが、近年、演出の仕事も新たに加わった。2018年正月に、帝国劇場の『ジャニーズHappy New Year アイランド』で総合演出のジャニー喜多川氏の依頼によりショーの部分の演出を担った。東山はジャニーズの歴代ヒット曲に新たな世界観を植えつけ、マイケル・ジャクソンの最後の振付家トラヴィス・ペイン氏や名倉加代子氏ら国内外の振付家にダンスを委嘱した。新たな物語をもった楽曲を、東山は若いジャニーズJr.たちと共に一心に踊った。稽古から千穐楽にかけて、東山のふるまい、立ち姿、ダンスのキレに、周りの若手が次第に気づいて、自らのダンスを変えていった。

若手の指導に際し、森のことは目に浮かんだか。

「森さんは手取り足取り、僕にこうしなさい、といったことは仰いませんでした。森さんがどうされるかを聞く、見る、感じる。その中で発見しなさいということだと思います。僕もまず一緒にやることが大事だと思っていて、森さんと同じように、やって見せる、一生懸命やっている姿勢を見せる。そこで彼らが何を感じるかということが、大事なのだと思います」

１９９９年のＮＨＫ大河ドラマ『元禄繚乱』で、東山は「忠臣蔵」の播州赤穂城主、浅野内匠頭役を演じた。江戸城で勅使接待役となった内匠頭は、指南役の吉良上野介に恨みを抱き、松の廊下で斬りつける。殿中の刃傷沙汰の責任を負い、内匠頭は即日切腹を遂げる。大石内蔵助は十八代目中村勘三郎が演じた。この時、森光子は浅野内匠頭の膨大なセリフを自ら吹き込んで送ってきた。

「『私はこうやったけど、あなたはどうするの?』ということだと思います。勘三郎さんがそう演じられるなら、僕は森さんのあのパターンを使ってみようかなと。森さんのおかげで演技の幅は広がったと思います。今も森さんに会いたい時はこの録音を聞くことがあるんですよ」

堂本光一が見た、最後の輝き

ミュージカル『SHOCK』を20年間かけて1800回近く演じている堂本光一も、森が長年目をかけてきた一人だ。

堂本がまだ10代の頃、『放浪記』1500回の祝賀会に出席した。来賓のスピーチが延々と続く中、堂本は、森の隣に立っていた。と、森がささやいた。「こういうの、疲れるわよね～」。

「大事なパーティに何で僕がいさせてもらっているんだって思っていました。すると森さんは『私もあなたに同感よ』という感じで声をかけてくれた。ご自身のパーティだから疲れることはないでしょうが、ガチガチに固まってるガキンチョの俺を気遣ってリラックスさせてくださったんですよね。まだ森さんが若い頃に、活躍されている役者さんのことを『あいつよりうまいはずなのに』って内心思っていたって告白してくださった

 こともあった。森さんのそんな少しヤンチャなところが愛おしくてしょうがないです。歴史に残る大女優でいらっしゃるけれど、目線を合わせてお話をしてくださるんですよね。自分が年を重ねて今、40代になって、10代の子たちって宇宙人に見える時があるんですよ。『目線合わせられるかな?』とか思ったり。僕は、本当にすごい目上の方と間近にいさせていただいたんだな、と改めて思います」

『SHOCK』はジャニー喜多川氏の作・構成・演出、堂本光一主演によるオリジナル・ミュージカルだ。〝SHOW MUST GO ON〟をテーマに、主人公のエンタテイナー、コウイチが命をかけ、また肉体が滅びて魂になってもSHOWを守り抜いていく物語だ。ジャニー氏は、フライングや殺陣、階段落ちなどエンタテイメントの要素をふんだんに盛り込んだ。2005年からは堂本が脚本・演出に関与するようになり、スペクタクルに加え、物語を研ぎ澄ませている。日本におけるミュージカル単独主演記録を独走していて、2020年に上演1800回を迎える。

森は東山ら少年隊が演じるエンタテイメント・ショー『PLAYZONE』(198

6年～2008年）と堂本の『SHOCK』には初演以来、毎回通った。森は『SHOCK』の初演を2度見に出かけたと当時のスポーツ紙が報じている。


2008年1月、シアタークリエでの『放浪記』初日の前日に、堂本の『SHOCK』が初日を迎えたことがあった。しかも通算上演回数500回の記念すべき日だった。『放浪記』の稽古を終えた森は帝劇に向かい、カーテンコールで花束を渡して言った。

「光一さんは、あなたは、私達ファンの夢を叶えてくださる天使です」

若く、何でも出来る時代に、戦争に巻き込まれた森は、堂本に、自身の若い頃のミュージカルへの夢を託した。


森がこの世を去る2012年、生前最後に撮影した写真がある。

この年の1月、『SHOCK』のポスターを手に、写真を撮ったものだ。自分が劇場に行くと迷惑がかかる、そんな気遣いをした森が、それでも堂本光一に今の姿を見せてエールを送りたいと考えた。今、森が堂本のために撮影した写真だと分からないと意味

『SHOCK』500回目のカーテンコールに
駆け付ける（2008年１月）

がない、今日の新聞でも持とうかしら、と冗談も言ったが結局は、その年に幕が開く『SHOCK』のポスターを高らかに掲げた。毎年森の舞台写真を撮影していた東宝のカメラマンといつものヘアメイクや着付けの人が駆け付け、ポスター撮りのように撮影した。痩せていて着物が綺麗に着られなかったので、洋服で臨んだ。

写真は、堂本のもとに2月の初日に届けられた。「ああ森さん、お元気そう!」、堂本は表情を崩して喜んだ。それ以来、この写真は必ず堂本の楽屋に飾られる。

堂本は、森がぽつんと「今、平和な時代だからこそやれることがあって、羨ましいな……」と漏らしたのが忘れられない。

「森さんは激動の時代を生きてこられたと思いますし、世の中が平和でないとエンタテイメントは表現できません。ショーを演じられる今の自分はすごく恵まれているんだな、と思いました。それを思うと本当に、感謝の気持ちを乗せて、毎回ステージに立たないといけないなという思いになりました。楽屋に戻ったりして、森さんの写真を見るごとに、その気持ちを忘れないでステージに立とうという気持ちになりますね」

エンタテイメントが出来るのは平和だからこそ。そんな森の思いを、堂本は東日本大

最後の写真。
『SHOCK』のポスターを高く掲げて（2012年１月）

震災の時に身をもって感じた。2011年3月11日、ちょうど幕間休憩の時間に揺れが起こり、その後の公演は全日程中止となった。

大阪、名古屋を経ての帝劇2000回公演を堂本は観劇した。その時の森が忘れられないという。

「最後の『放浪記』の時、その前からちょっと体調を崩されたりしたことがあって、少し心配していました。だけど終わって楽屋にご挨拶させていただいた時に、ものすごくキラキラしていらっしゃったんですよね。凄かったですね。森さんはステージに立たれると、これだけエネルギーを生むことができる人なんだな、という風に当時は見ていたんです。でも今思うと、もしかしたら森さんは、最後の瞬間の、一番綺麗な輝きを、そこで放っていたのかもしれないな、と。森さんのあの姿は、忘れられません」

『SHOCK』のラスト、コウイチは「夜の海」というダンスナンバーの最後に息絶える。

「『ＳＨＯＣＫ』のストーリーは、自分が消えてなくなる前に放つ最後の一番綺麗な輝きみたいなところを表現しているので、あの時の森さんを思い起こすんですよね。もちろんその後亡くなるなんて微塵も思ってなかったし、森さん自身もそう思ってなかったと思うんですけど……」

２０１９年に、作・構成・演出を手掛けたジャニー喜多川氏が亡くなる。

２０２０年より堂本光一は、演出の肩書を継承し、『ＳＨＯＣＫ』を主演と二役で背負うことになる。ジャニー氏はエターナル・プロデューサーと冠せられる。ともに戦争経験者であるジャニー氏と森の思いを乗せて、堂本は帝劇でエンタテイメントを演じ続ける。

今、思い浮かべる森の姿は――。

「ご一緒にお食事をして家までお送りしたら、いつも窓から手を振ってくれた。そういう森さんのチャーミングな姿ばかりが思い出されます」

響きあう魂

東山紀之が、70代の頃の森とのリラックスした旅を振り返る。

「森さんとメリーさんと一緒にイタリアへ行った時、メリーさんがホテルのフロントで随分慌てていまして、イタリアが時差で日付が変わっているのに間違ってホテルを予約していたんです。今日泊まるところがないと。僕と森さんは事情を知らず、随分時間がかかっていますね、なんて呑気にロビーで世間話をしたり。アクシデントにあった時の森さんの動じなさっていうのはすごかったですね。そんなハプニングはよくありました。楽しい思い出ばかりです」

山下達郎と竹内まりやには、森たち三人がロンドンに旅をした時に出会った。

「空港で偶然にお会いしました。達郎さんによく言われますね。やっぱり縁なんだなって。森さん、達郎さん、まりやさん、メリーさんの関係というのは。僕が森さんと会ったのも縁ですし。そこから色々なことに広がったのもやっぱり縁です。この世界にいても会わない人っていますからね。縁があるから会えた」

山下・竹内夫妻や森たちの間には、互いが尊敬し合い、心地よい時を過ごすことができる、良い関係性があったという。その巡り合わせと波長は、まさに「縁」なのだろう。

「森さんとメリーさんが買い物に夢中になっている間、僕と達郎さんがバス停で待っている。そこでいろいろな話が出来た。また、ある時は、僕とメリーさんが買い物しているときに、森さんと達郎さんが待っていてくれて、お互いの人生観を話されていたそうです」

山下達郎は『放浪記』を上演している福岡や富山など地方の劇場にふらりと現れては森を驚かせた。舞台がはねれば、森の代わりに共演者や舞台スタッフらを慰労会にも連れて行く。その席で山下はいつも、今回はどの場面で森が演技を変えてきたか例を挙げ、森がつねに新しい芙美子像を追い求めていることに感心していた。また、アングラ演劇の雄、劇団黒テントの斎藤晴彦には昔の話を熱心に聞いたという。吉永小百合の主演映画『千年の恋　ひかる源氏物語』（2001年　東映　堀川とんこう監督）に森が清少納言役で特別出演した折にはインターネットや古い資料を調べ上げて、14歳のデビュー以来、ちょうど100作目の映画になることを突き止めて、森を喜ばせた。

帝劇や芸術座にも竹内まりやと共に毎回駆けつけ、その後は決まって森を食事に誘った。竹内は森の表現の秘訣を聞き出そうと質問攻めにし、森は何にでも正直に答えた。

「いくつになっても失わない人生への大いなる好奇心と、お客様を楽しませたいと思う究極のプロフェッショナリズム、そして、その状況を生み出すための努力をいとわぬ一人の人間としての強さと優しさなのだと、今ははっきりとわかります。年を重ねていくことの意義や、芸能という道で人々を楽しませることの意味を教えて下さった森さんを、私は常に尊敬してやみません」（竹内まりや『女優　森光子　大正・昭和・平成　八十八年激動の軌跡』〈集英社〉）

「家族」

森が亡くなるちょうど1年前の2011年11月、東山紀之に長女が生まれる。二人が出会って25年の時が流れていた。森は91歳、東山は45歳を迎えていた。

誕生してひと月後、東山は長女を森のところへ連れて行った。

「森さんは凄く喜んでくれて、娘に手を差し伸べてくれました。すると、娘が本能のように、森さんの指をぎゅっと握ったんです。二人の心が通じたのでしょうか。娘は森さんから生きるという意味のエネルギーをいただいたようでした。しっかり抱いていただいて、おかげ様ですくすく育っています」

どんなに忙しくても舞台の初日と千穐楽には顔を出し、お茶会に付き合い、舞台袖までエスコートした東山は、森の自宅にも家族を連れて通った。

「顔を見せることが大事だと思いました。それこそ森さんが楽屋でなさっていたお茶会が始まりました。このような時間にも、私たちは森さんから大切なものを受け継がせてもらったのだと思います」

90歳を過ぎた森は、外出の機会が減ったものの、天気の良い日は自宅近くを散歩した。

愛育病院の桜は最後の年まで楽しんだ。青山や広尾の喫茶店にも出かけた。ある日、喫茶店の隣のテーブルに赤ん坊を抱いた若い家族連れが座っていた。家族の睦まじい様子を眺めていた森は、その両親に声をかけた。

「可愛いですね。うちも生まれたんですよ」

森が亡くなるまで、「家族」たちは寄り添いあい、魂を響き合わせた。

百歳の放浪記

2012年も夏を過ぎ、森の体力が次第に弱っていく。

藤島メリー氏と娘ジュリー氏の一家、東山紀之は、時間が許す限り、森を見舞って元気づけた。

ジュリー氏は、森のために体力的な負担が少なくて済む映画を企画していた。森も若

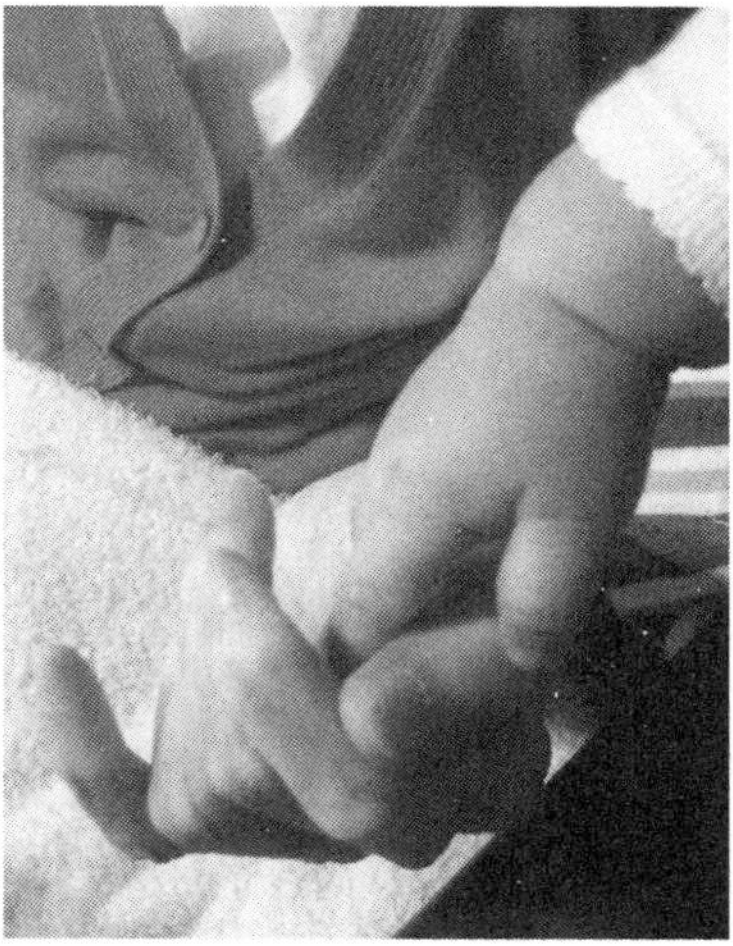

東山紀之の長女と森の「指」が
からみあう写真

いジュリー氏の期待にどうにか応えられないか、熱心なジュリー氏の話に耳を傾けていたが――

２０１２年11月10日18時37分、森光子は亡くなった。

一週間後、メリー氏は滝沢秀明を伴って森の自宅を訪ねた。

二人で祭壇に手を合わせると、滝沢が柘植で出来た小さな櫛を懐紙から取り出した。

「森さんは天国でも舞台に立たれるでしょうから」と祭壇に捧げた。

『森光子　百歳の放浪記』　了

近藤真彦による弔辞

森さん、本当にありがとうございました。あなたは、日本のお母さんでした。いえ、今でもそうです。

そんなあなたは、ジャニーズの、僕たちのお母さんにもなってくれました。東山（紀之）をはじめ、一人ひとりに森さんとの楽しい思い出があります。あるときには、誕生日やクリスマスプレゼントをいただき、そこには、お手紙や、FAXでの、優しいメッセージを添えられていました。森さん、僕の机の引き出しは、森さんからいただいた、お手紙とFAXでいっぱいです。僕たちは、そのメッセージに何度も励まされていました。また、これからも、仕事で苦しく、辛い時にはそのメッセージを読み直し、乗り越えていきます。

個人的なことですが、先日、森さんのご自宅にお邪魔しました。お線香を上げさせていただいた時に、ずうずうしくも、お骨入れの、角と角を優しく、肩を抱くように、触れさせていただきました。何度か、節目の『放浪記』にお邪魔させていただき、お芝居が終わったときに、花束を持って、上がらせていただいたとき、優しく肩を抱くように、触れさせていただいたときと、同じ優しさと、温かさを感じました。そのとき僕は、本当に逝ってしまったんだなと、僕なりに、気持ちの整理がつきました。

最後に、森さん、ごめんなさい。僕の親父は今年の5月に先にそっちに逝ってしまいました。親父は、森さんのことが大好きです。会ったらサインでもしてやってください。

森さん、でも、そっちには森さんのことを待ってる人が、たくさんいますよ。また当分、忙しくなりそうですね。でも、寂しくなくて良かった。森さん、一段落したら今度は、本当にゆっくりお休み下さい。ありがとうございました。

カフェーで踊る芙美子
1961年初演（当時41歳）と2009年最終公演（当時89歳）
（提供／東宝演劇部）

ゃんこんにちは』（1966〜1978年 TBS 日比野都原作 小松君郎脚本 鴨下信一・橋本信也演出 石井ふく子制作）『２丁目３番地』（1971年 日本テレビ 倉本聰脚本 石橋冠・早川恒夫演出）、『じゃがいも』（1973·1975年 NET 向田邦子脚本 山内和郎他演出）、『必要のない人』（1998年 NHK 内館牧子脚本）、『ハルとナツ』（2005年 NHK 橋田壽賀子作 佐藤峰世演出）等。

テレビの情報番組『３時のあなた』（1974〜1988年 フジテレビ）、『NHK 紅白歌合戦』『日本レコード大賞』（TBS）等の司会も務めた。

主演作『川の流れのように』（2000年 東宝・エイティーワンエンタテインメント・電通 秋元康監督）等、生涯百本の映画に出演。

ライフワークとなった『放浪記』は足掛け48年間、89歳まで演じた。総主演数は日本演劇界の単独主演記録となる2017回に達する。

最後の舞台は、2010年１・２月に89歳８か月で帝国劇場にて主演した『新春 人生革命』（ジャニー喜多川 構成・演出）。

1992年勲三等瑞宝章受章。
1998年文化功労者、東京都名誉都民顕彰。
2005年文化勲章受章。
2009年に女優として初めて国民栄誉賞を受賞。

森 光子

（本名・村上美津）

1920年（大正9年）〜2012年（平成24年）
14歳の時、映画『なりひら小僧・春霞八百八町』でデビュー。
戦中戦後は、歌手や女優として活動。
1961年、41歳にて舞台『放浪記』林芙美子役で初めて主演を演じる。

舞台の代表作は『放浪記』（1961〜2009年 菊田一夫作・演出 三木のり平潤色・演出 北村文典演出）、『越前竹人形』（1964年 水上勉原作 菊田一夫脚本・演出）、『縮図』（1967年 徳田秋声作 菊田一夫脚本・演出）、『常磐津林中』（1972年 鈴木彦次郎原作 平岩弓枝脚本 石井ふく子演出）、『おもろい女』（1978〜2006年 小野田勇作 三木のり平他演出）、『雪まろげ』（1980〜2007年 小野田勇作 三木のり平他演出）、『桜月記　女興行師吉本せい』（1991〜1992年 矢野誠一原作 小幡欣治脚本 北村文典演出）、『恋風　昭和ブギウギ物語』（1993·1996年 堀越真作　栗山民也演出）、『御いのち』（1994年 橋田壽賀子作 石井ふく子演出）、『春は爛漫』（1995·2003年 松原敏春作 栗山民也演出）、『ツキコの月　そして、タンゴ』（2005年 伊集院静原作 栗山民也演出）以上東宝製作、『いくぢなし』（1969年 平岩弓枝作 石井ふく子演出）、『寝坊な豆腐屋』（2007年 鈴木聡作 栗山民也演出）以上松竹製作、等。

テレビドラマの代表作は『おはなはん一代記』（1962年 NHK 小野田勇脚本）、『花は桜子』（1963年 TBS 菊田一夫脚本 岡本愛彦演出）、『時間ですよ』（1965〜1990年 TBS 橋田壽賀子・松田暢子・小松君郎他脚本 久世光彦演出）、『人情噺 文七元結 師走の川風』（1965年 フジテレビ 三遊亭圓朝原作 塚田圭一演出）、『天国の父ち

長年イメージキャラクターを務めた
タケヤみそのコマーシャル

森光子さんが愛した「名店」

※店舗のデータは、2020年1月時点のものです。
（撮影／中央公論新社写真部）

イデミ スギノ

東京・京橋の路地裏にたたずむパティスリー、「イデミ スギノ」。日本を代表するパティシエ・杉野英実氏が腕を振るう有名店だ。森のお気に入りのケーキは「マリエ」。野いちごのムースの内側にピスタチオのムースを合わせたケーキである。

杉野氏の仕事には妥協がない。この「マリエ」だが、使用していたリキュールが手に入らなくなったため、現在は提供していないという。繊細なケーキを最高の状態で愉しんでもらうため、イートイン限定メニューも多い。その一つ、「アンブロワジー」は、チョコレートとピスタチオのムースを艶やかなチョコレートでコーティングした、宝石のようなケーキである。パティシエ世界大会を制した作品でもあり、著名人のファンも多い。

やがて森は、杉野氏を舞台やその後の楽屋に招待し、交流するようになった。こんなエピソードがある。年を重ね、体力的な辛さも感じていた杉野氏に、森はこう話したという。

「やめちゃダメよ。続けたら、もっと上手くなれるから。私も、もっと上手になりたいの」

すでに世界的な評価を得た名パティシエも、その言葉を素直に聞いた。

杉野氏はこう話す。「たしかに、いまだに〝出来なかったことが出来るようになる〟瞬間があるんです」。経験を積んでいるがゆえ、何が〝出来ないこと〟なのかは分かっているつもりだ。しかし、その壁を超えるアイデアが、突然生まれることがあるのだという。

「森さんが言っていたのはこういうことかな、と、その度に感じます」。

「イデミ スギノ」では、ジャムや焼き菓子の持ち帰りもできる。森はジャムも好きで、ヨーグルトに混ぜたり、食パンに塗って朝食にしたりしていたという。森が亡くなった後、杉野氏は森をイメージして、「Confiture de Mitsuko」というジャムを作った。ベリーの食感に、爽やかにライチの香りが漂う。瓶には"Mitsuko"の文字が綴られた、ケーキと並ぶ「イデミ スギノ」の人気の逸品である。

東京都中央区京橋
3−6−17
電話 03-3538-6780
定休日：日・月曜日
営業時間：11時〜19時

桃六

『放浪記』2000回公演の際、特大どら焼きを贈ったのが「桃六」である。創業150年の老舗で、茶飯弁当や、どら焼き、団子などの和菓子が名物である。

森は、初日や千穐楽には赤飯を、稽古や記者会見のときは、茶飯弁当を差し入れた。「短い時間でもいただけて、冷めても美味しい、差入れにおあつらえ向きのお弁当」と、生前森は語っていた。茶飯はもち米を醤油と出汁で炊いたもので、控えめな味付けはたしかにお弁当にぴったりだ。弁当には牛蒡・人参・筍といった季節の野菜の煮しめや肉団子など、栄養バランスの整ったおかずが添えられている。「栄養の偏りがちな、お若い俳優さんにも自信をもってお届けしております」。これも森の言葉である。どら焼きや団子などの和菓子も、ほのかな甘さと昔ながらの佇まいがあり、長く愛され続ける理由がわかる。

差入れをする際には、スタッフの一人ひとりに、必ず行き渡るようにするというのが森のポリシー。たくさんの弁当を、桃六の四代目主人・林力男さんと、女将の房子さんは車で配達した。

「芸術座とか、行くと皆さんが必ず『桃六さ〜ん』と迎えてくださった。いつも、とても優しくしていただいて」。スタッフの若い男性たちも、「お弁当だ！」と笑顔を弾ませた。配達の帰路は、何とも言えない優しい気持ちになったという。

『放浪記』のお茶会に団子を用意したり、ネクタイをしめて帝国ホテルを訪問したり。文化勲章の受章パーティにも女将は招待され、並み居るスターたちとともに言祝いだ。

「私たちみたいな者にも、一人ひとりご挨拶をしてくださって。素晴らしい世界を拝見することができました。出会いがあってから、いいことばかりで楽しかったです。森さんとの思い出は、私たちの宝物です」

女将さんは森さんを懐かしみ、しみじみ語った。

東京都中央区京橋
2－9－1
電話 03-3561-1746
定休日：日曜日
営業時間：9時～
18時30分

逸品会

東京・柳橋。かつて花柳界として栄え、川べりに料亭が並び、芸者が行き交っていたこの場所に店を構えるのが、「柳ばし・逸品会」。名物の「おつまみ百撰 宴の華」は、森光子が生前、贈答品や手土産として重宝した吹き寄せ菓子である。蓮根、南瓜、人参、柿、りんご、オクラ、紫芋などの野菜・果物チップス、10種類以上のおかき、おせんべい、豆菓子などが溢れた、彩鮮やかで華やかな詰め合わせだ。

野菜・果物チップスは、減圧釜を使って、温度が上がりすぎないように揚げている。そのため、焦げずにカラリと水分が抜け、もともとの風味を生かした仕上がりになるのだという。口に含めば、パリッとしたチップスの食感に続いて、素材本来の味が広がる。玉ねぎの甘みや、オクラの粘り気、りんごの風味……。

「森さんはもともとお土産として購入されていたのですが『楽屋で配るものもお願いしたい』というお話をいただきまして、それからお付き合いが始まりました」と高橋敏彦社長は語る。「男の人なら、ビールのおつまみに。そしてお子様のおやつとしてもぴったり」。

森はそう言って、楽屋見舞いの客に手渡したという。誰にでも喜ばれる愉しさに自信があった。

逸品会はまた、国技館にもお土産屋を出していた。相撲ファンの森光子は、「私、栃東さんがひいきなの」と話し、逸品会の先代社長の伝手で、文化勲章の受章パーティに栃東関（現・14代玉乃井親方）が呼ばれることとなった。栃東関は後に、結婚式に森を招待した。「森さん、きてくれるかな」「喜んできてくださいますよ」。二人の交流の元は、逸品会だったのである。

「いまだに、森光子さんと縁のあった方々が、うちを使ってくださいます。また、たくさん配っていただいたので、以前に森さんが贈答品として〝宴の華〟を送られた方から、今度はご注文をいただいたりもする。本当に有難いことです」

逸品会が繋げた縁、そして森光子が繋げた縁は、今も続いている。

東京都台東区柳橋
１-13-3
電話 03-3863-4661
定休日：日曜日・祭日
営業時間：10時～18時

タケヤみそ

「ひと味ちがう　タケヤみそ」のフレーズでお馴染みの竹屋は、諏訪湖に面した湖岸通りに醸造場をもつ1872年創業の老舗である。もともと味噌は大きな商売にならなかった。手前味噌という言葉は「自分の家の味噌が一番美味しい」と自慢したことから来ている。家で作るものだったのだ。

1963年、先代の藤森傳衛は、日本の食卓が急激に変わると考えた。蔵で大きな樽から味噌を取り出す時代から、小分けの袋詰めにしてスーパーなどの店頭で販売する時代へと変わるはずだ。

新しい時代の食卓、でも、伝統的な味噌作りは守りぬく。霧ヶ峰や北アルプスの雪解けがもたらすきれいな水と、冬は湖面が凍りつく澄んだ空気の中から生まれた蔵人の技を最新の醸造技術と組み合わせる。藤森傳衛はその心を森光子に託した。

森が出演するテレビコマーシャルは、日本のお母さんのイメージを打ち出した。翌年に一旦、別の俳優に替わったが、お茶の間にはすでに、森の信頼感と商品イメージが強く結びついていた。その後は森が亡くなるまで契約が続いた。

竹屋を継いだ藤森郁男社長も、森の女優としての真摯な姿に惹かれ、パートナーシップを大切にした。毎年のように撮影されたテレビコマーシャルも、森が高齢になってからは過去の映像を使い、森を舞台に専念させた。『放浪記』２０００回公演には、観客全員へタケヤみそを土産で用意し、森が国民栄誉賞を受賞した折には新聞広告を出す。商品名より森の名前を大きく打ち出し、偉業をたたえた。舞台の度に諏訪から高子夫人と駆けつけ、楽屋に大きな味噌樽を差し入れた。

逝去をもって半世紀に及ぶ契約は終了したが、竹屋はこれからも森との絆を大切にしていく。

２０２０年、湖畔の工場の一角にある建物一棟が提供されて、森の衣裳や台本など、遺品のすべてが運びこまれることになった。諏訪の地で、森光子の偉業が永く伝えられる。

森の朝晩の食事は、竹屋の特醸味噌を使った味噌汁と決まっていた。ちなみに好きな具は、豆腐と若布、ナス、油揚げ。好物の牛肉も味噌で甘辛く炒めて食べた。

長野県諏訪市湖岸通り２－３－17
電話 0266-52-4000
株式会社 竹屋 本社

協力

アクターズセブン
雲母社
劇団民藝
小林のり一
澤田隆治
ジャニーズ事務所
スマイルカンパニー
田内峻平（カメラマン）
デンナーシステムズ
東宝演劇部
ニッポン放送
ひばりプロダクション
ファーンウッド
フジテレビジョン
吉田事務所
李憲彦（クリエイティブBe）
ローラン事務所
（五十音順）

参考文献

『放浪記』台本　菊田一夫
『がしんたれ』台本　菊田一夫
『おもろい女』台本　小野田勇
『人生はロングラン』森光子（日本経済新聞出版社）
「わたしの放浪記」森光子（扶桑社『リビングブック』連載）
『女優 森光子　大正・昭和・平成　八十八年 激動の軌跡』（集英社）
『全身女優』小松成美（角川書店）
『ツキコの月』伊集院静（角川文庫）
『落穂の籠 遺稿・演劇随想集』菊田一夫（読売新聞社）
『森繁自伝』森繁久彌（中公文庫）
『才輝礼讃』松任谷由実（中央公論新社）

ラクレとは…la clef=フランス語で「鍵」の意味です。
情報が氾濫するいま、時代を読み解き指針を示す
「知識の鍵」を提供します。

中公新書ラクレ
681

森光子《もりみつこ》 百歳《ひゃくさい》の放浪記《ほうろうき》

2020年3月10日発行

著者……川良《かわら》浩和《ひろかず》

発行者……松田陽三
発行所……中央公論新社
〒100-8152 東京都千代田区大手町1-7-1
電話……販売 03-5299-1730 編集 03-5299-1870
URL http://www.chuko.co.jp/

本文印刷……三晃印刷
カバー印刷……大熊整美堂
製本……小泉製本

Published by CHUOKORON-SHINSHA, INC.
Printed in Japan ISBN978-4-12-150681-8 C1274